Estratégias para atuação em comércio exterior

Dados Internacionais de Catalogação na Publicação (CIP)
(Jeane Passos de Souza - CRB 8ª/6189)

Silva, Marco Antonio da
Estratégias para atuação em comércio exterior / Marco Antonio da Silva. - 3. ed. rev. atual. - São Paulo: Editora Senac São Paulo, 2019.

Bibliografa.
ISBN 978-65-5536-317-3 [Venda internacional]

1. Relações econômicas internacionais 2. Comércio Exterior I. Título.

18-873s

CDD-382
BISAC BUS026000

Índice para catálogo sistemático:

1. Comércio Exterior 382

Marco Antonio da Silva

Estratégias para atuação em comércio exterior

3ª edição revista e atualizada

Editora Senac São Paulo - São Paulo - 2019

Gerente/Publisher: Jeane Passos de Souza (jpassos@sp.senac.br)
Coordenação Editorial/Prospecção: Luís Américo Tousi Botelho (luis.tbotelho@sp.senac.br)
Dolores Crisci Manzano (dolores.cmanzano@sp.senac.br)
Administrativo: grupoedsadministrativo@sp.senac.br
Comercial: comercial@editorasenacsp.com.br

Edição de Texto: Juliana Muscovick
Preparação de Texto: Ana Catarina Nogueira
Revisão de Texto: Luiza Elena Luchini (coord.), Globaltec Editora Ltda.
Editoração Eletrônica: Sandra Regina dos Santos Santana
Capa: Antonio Carlos De Angelis
Foto da Capa: Scot Spencer, iStockphoto®

Editora Senac São Paulo
Rua 24 de Maio, 208 - 3º andar - Centro - CEP 01041-000
Caixa Postal 1120 - CEP 01032-970 - São Paulo - SP
Tel. (11) 2187-4450 - Fax (11) 2187-4486
E-mail: editora@sp.senac.br
Home page: http://www.livrariasenac.com.br

Sumário

Nota do editor

Para fazer parte do competitivo mercado internacional, as empresas devem estar preparadas e precavidas para lidar com situações comuns e percalços que permeiam o cotidiano do ramo de comércio exterior. Os consumidores estão cada vez mais exigentes; não basta ter domínio apenas das características do produto, mas também de técnicas de negociação internacional, noções de administração, coordenação e gestão operacional, administrativa, financeira e legislativa. Ou seja, neste mundo global, o mercado demanda profissionais proativos e conhecedores das minúcias dos processos que envolvem o comércio exterior.

Nesta obra escrita por Marco Antonio da Silva, o Senac São Paulo enriquece a bibliografia de títulos publicados na área de comércio e auxilia o profissional que quer aperfeiçoar-se em comércio exterior. Ao longo dos capítulos, são oferecidos informações e conhecimento sobre operações globais essenciais, tipos de operações de comércio internacional, importação, exportação, aspectos gerais de uma negociação e logística.

A fim de reverter a fama de que o comércio exterior é acessível a poucos por tratar de processos sistemáticos e burocráticos, o conteúdo é apresentado de forma clara e objetiva, acompanhado de dicas e exemplos, além de tabelas explicativas e passo a passo a respeito de como preencher formulários da área de Comex.

Prefácio

Foi com muita honra e satisfação que recebi o convite para escrever o prefácio deste livro. Agradeço pela confiança em mim depositada para apresentar uma obra que certamente contribuirá para a formação e atuação de profissionais no comércio exterior.

Não é difícil falar sobre a competência e experiência profissional de Marco Antonio da Silva, pois tenho a satisfação de ser sua parceira no desenvolvimento de projetos, programas, cursos e materiais didáticos na área de negócios internacionais para diversas empresas dos setores industrial, comercial e de serviços. Além disso, atuamos como professores nas Faculdades de Administração de Empresas e Comércio Internacional do Centro de Ciências Sociais e Aplicadas da Universidade Presbiteriana Mackenzie. Os conhecimentos adquiridos ao longo de sua vida profissional permitiram ao autor selecionar pontualmente os temas necessários para compreender e cumprir as rotinas e os procedimentos de todas as fases das operações de exportação e de importação. Claro, de acordo com as normas nacionais e internacionais vigentes e, também, conforme as exigências das empresas que hoje buscam profissionais que atuem estrategicamente e que tenham uma visão sistêmica e holística desses processos.

O tema apresentado no capítulo "Mercado interno e mercado externo" demonstra de maneira prática e objetiva as diferenças entre negociar no mercado interno e no externo. Os fatores que diferenciam essas negociações são muitas vezes ignorados nas tomadas de decisão dos gestores das empresas, principalmente por aqueles que estão iniciando suas atividades em novos mercados, atraídos pelas facilidades que a recente economia global oferece. Essas diferenças, se não forem devidamente avaliadas e consideradas durante uma negociação internacional, podem apresentar resultados indesejáveis tanto para o exportador como para o importador, o que certamente desestimulará os empreendedores a continuar negociando com clientes e fornecedores em outros países. São ainda comentadas e analisadas as dificuldades que as empresas brasileiras encontram para atuar no mercado internacional, ou seja, as barreiras internas e externas, entre elas o

Custo Brasil e as barreiras protecionistas impostas pelos países para importar produtos de origem brasileira.

A forma e o estilo adotados pelo autor na abordagem desses e dos demais temas são os principais diferenciais deste livro. As questões e os exemplos apresentados levam o leitor a refletir sobre a importância e a necessidade de as empresas analisarem as oportunidades e os riscos das operações de exportação e importação, com base na busca de informações sobre os fatores apresentados, e definirem com maior segurança as estratégias que deverão ser adotadas para que se atinjam seus objetivos.

Conhecer a estrutura do comércio exterior no Brasil, ou seja, os ministérios, os órgãos anuentes e todas as outras instituições envolvidas diretamente com as operações de exportação e importação de bens e serviços, é obrigatório e fundamental para que os profissionais desse segmento entendam quais são seus deveres ao atuar no mercado externo. Todas essas instituições e suas funções são apresentadas no segundo capítulo – "Estrutura do comércio exterior brasileiro" –, permitindo ao leitor conhecer os mecanismos de controle de entrada e saída de mercadorias e serviços do país, ou seja, quais são os tratamentos administrativo, tributário, alfandegário, cambial, entre outros, que devem ser observados e cumpridos pelos exportadores e importadores brasileiros.

Nos capítulos "Aspectos operacionais e administrativos do comércio exterior" e "Ambiente de Registro e Rastreamento da Atuação dos Intervenientes Aduaneiros (Radar)" são apresentados temas que permitem compreender de imediato todos os procedimentos administrativos, logísticos, cambiais e outros necessários para que se cumpram os contratos internacionais de compra e venda de bens e serviços à luz das normas e da legislação brasileiras. O destaque dado pelo autor para as dificuldades, ou seja, os famosos gargalos encontrados para que as empresas possam cumprir as normas e a legislação, permite que o leitor tenha uma noção real do cotidiano do profissional de comércio exterior, e também que esse profissional possa prevenir-se para enfrentá-los sem causar prejuízos para sua empresa.

O capítulo "Negociação internacional" apresenta ao leitor uma série de informações preciosas sobre os principais pontos a serem acordados em uma negociação internacional e a necessidade de conhecer os acordos internacionais do comércio ditados por organismos internacionais dos quais o Brasil faz parte, além de orientar o negociador quanto às ferramentas que deve ter em mãos no momento da negociação.

Nos capítulos "Exportação" e "Importação", o autor descreve minuciosamente os passos para exportar e importar, considerando as normas e a legislação brasileiras, os registros nos órgãos competentes, os documentos comerciais e financeiros necessários para cada etapa dos processos, etc. Também nos alerta sobre as variações e as características de cada operação e finaliza lembrando o leitor de que a atividade de comércio exterior não deve ser desenvolvida isoladamente, mas sim em conjunto com diversos parceiros estrategicamente selecionados, uma verdade que só pode ser dita por quem realmente conhece, executa e vive o cotidiano das empresas exportadoras e importadoras brasileiras.

São diversos os pontos importantes deste livro, mas destaco um deles, que é a preocupação do autor em apresentar didaticamente o passo a passo de como acessar sistemas informatizados de controle das exportações e importações adotados pelos órgãos governamentais brasileiros, facilitando a compreensão do assunto tratado.

Por fim, devo dizer que os temas tratados nesta publicação e a forma como são abordados assumem especial relevância quando o autor compartilha sua vasta experiência como profissional de comércio exterior e oferece para cada assunto inúmeros casos de empresas, descrevendo situações reais vividas por elas, e dá dicas importantíssimas que facilitam o dia a dia daqueles que atuam ou pretendem atuar nesse segmento.

Prof.ª Ms. Zilda Mendes

Negócios Internacionais –
Universidade Presbiteriana Mackenzie

A Maria Luiza Camargo da Silva (*in memoriam*)
e a José Candido da Silva, meus pais.

Agradecimentos

O primeiro passo sempre é o mais difícil. Assim foi quando decidi escrever este livro. Agradeço a Agda, Agnes e Aline pelo que representaram e pela importância que tiveram a partir do segundo passo.

Agradeço a meus valiosos amigos Luis Marcelo da Silva e Carlos Cesar da Silva, meus irmãos. A Naiana Guimarães e Regina de Freitas Jardim, pela paciente compreensão durante a elaboração desta obra, e a Flávia Roberta Silva Domingues e Gabriel Ferreira de Oliveira, pelas incontáveis vezes em que me ajudaram.

Um agradecimento muito especial a Agnes Feltrin Silva, minha filha querida, pois sem ela este livro não teria sido escrito.

O resultado de nossas ações nos leva aonde queremos estar. Somos frutos de nossas escolhas; e saber escolher bem é dar o primeiro passo em busca de um lugar melhor.

Autor desconhecido

Introdução

Os negócios no mundo sofreram muitas mudanças, o que contribuiu, sobretudo no Brasil, a partir da década de 1990, para o aumento da competitividade. Mudanças significativas aconteceram em novas tecnologias, estrutura logística, abertura de mercados, quebra de barreiras, entre tantas outras coisas.

O dinamismo nas relações comerciais internacionais muda o cenário competitivo, e a competência faz a diferença na hora de saber quem se estabelece nesse mercado global. Com esse novo panorama, manter a competitividade no mercado exige do gestor habilidade, conhecimento, inovação e novos modelos de gestão, entre outras competências, e no processo de negociação com outro país, vários são os fatores a serem considerados pelos gestores: de ordem legal, como legislação; cultura e sua influência na negociação internacional; barreiras ao comércio exterior de ordem tributária, não tributária, técnica; questões cambiais; ambiente mercadológico, entre outros.

O conjunto desses fatores exige um esforço adicional por parte de importadores e exportadores na conquista de novos mercados e desenvolvimento de novos negócios, produtos e serviços com valor agregado. Para estar à frente da concorrência, as empresas devem estar preparadas para as questões que norteiam as negociações internacionais. Os consumidores mudam seus hábitos, ficam mais exigentes, têm acesso a produtos do mundo todo de maneira mais rápida, e essa modificação de hábitos do consumidor obrigatoriamente gera mudança nas empresas, que precisam preparar-se para essas novas demandas.

Tratando-se de comércio internacional, a administração, coordenação e gestão operacional, administrativa, financeira e técnica requerem cuidado e base de dados consistente para a tomada de decisões. Muitas vezes, decisões erradas põem a perder oportunidades ímpares de lucratividade e sustentabilidade de um negócio no exterior. Além disso, nos próximos anos, viveremos um significativo aumento dos volumes de carga nos portos brasileiros. Tudo isso aliado à promessa de setores como o de óleo e gás, que devem aumentar sua participação no comércio exterior.

Com o propósito de oferecer informações e conhecimento sobre operações globais essenciais ao profissional que atua ou vai atuar nesse segmento, este livro aborda, de maneira prática, as operações de comércio internacional, importação, exportação, aspectos gerais de uma negociação e logística. Tem como ponto central tratar esses temas de maneira objetiva, com dicas e situações vividas no dia a dia dos meus quase trinta anos em comércio exterior, além de compartilhar as estratégias para atuação nesse mercado, sem ter a pretensão de contar a história de uma carreira. Muito pelo contrário, traz para reflexão dos leitores as práticas de comércio internacional relacionadas com as dificuldades, burocracia, legislação e demais barreiras que precisam ser superadas quando se atua nesse mercado.

A complexidade da atuação na importação e na exportação supõe preparo, planejamento e competência técnica por parte do importador e do exportador, e a cadeia de suprimentos internacional é como um labirinto de alternativas. Por cadeia de suprimentos pode-se entender um conjunto de atividades inter-relacionadas com o objetivo de distribuir um produto ao consumidor final. Ela envolve, por exemplo, suprimentos, produção, armazenagem e distribuição, e sua gestão e seu gerenciamento são conseguidos à medida que se consegue coordenar de forma integrada todas essas atividades, proporcionando-se qualidade ao produto e serviço.

O ponto forte deste livro é o fornecimento de informações que contribuam para associar estratégias com o objetivo de alcançar resultados na importação e na exportação. Informações capazes de oferecer uma visão clara no entendimento das operações de comércio internacional e ainda de dar suporte às decisões. Esta obra tem, ainda, o propósito de despertar o interesse pela matéria e de levar o leitor a um aprofundamento sobre o assunto, criando o valor agregado de propor reflexão sobre quanto as decisões para atuação na importação e na exportação necessitam ser fundamentadas em dados e análise de possibilidades.

Por fim, desejo que esta obra sirva de inspiração para a busca do conhecimento e ressalto que qualquer falha deve ser creditada ao autor que, embora tenha a responsabilidade pela escrita da obra, não está isento de falhas.

Mercado interno e mercado externo

Análise, diferenças e dificuldades

Várias são as possibilidades para desenvolver estratégias de internacionalização. As empresas podem optar por processos mais simples e fazer exportação e importação com mercados semelhantes – nos quais não encontrem muitas dificuldades de acesso, barreiras, diferenças culturais e de idioma – e aumentar sua atuação no contexto internacional gradualmente. Podem, ainda, iniciar sua atuação no comércio internacional mesmo que não tenham se preparado para isso. Em 2010, uma empresa que participou de uma feira internacional do segmento têxtil, em São Paulo, recebeu, sem que tivesse previsto, dois pedidos de compras de seus produtos vindos de clientes argentinos que os visitaram na feira. Nesse caso, não houve um trabalho bem elaborado depois da feira, porém, os pedidos, embora em pequenas quantidades, apareceram. Mesmo sem querer, a empresa entrou no comércio internacional.

À medida que os negócios de uma empresa avançam no cenário internacional, ela deve aproveitar para aprender. Ao traçar seus objetivos globais, compreenderá como esse mercado funciona, avaliará sua atuação, quebrará paradigmas e se preparará para lidar com as diferenças entre o seu mercado doméstico e o mercado globalizado.

Quando uma empresa, após iniciar sua participação no mercado externo, vê sua lucratividade crescer, vai deparar-se com duas situações importantes:

1. à medida que a lucratividade aumenta, aumentam também os riscos e a complexidade das operações;
2. será necessário preparar-se tecnicamente para os negócios internacionais.

Independentemente da estratégia de internacionalização adotada pela empresa, ela precisa estar preparada para atender aos requisitos do mercado global. A exportação e a importação não podem ou não deveriam ser um exemplo ruim para a empresa, mas, sim, uma forma de fomentar seus negócios e de lhe permitir atuar não só no mercado doméstico, mas também no mercado externo.

Que diferenças existem entre esses dois mercados, o doméstico e o global? Podemos enumerar centenas delas, porém serão destacadas algumas, sem, necessariamente, as colocar em ordem de prioridade:

- diferenças culturais;
- idioma;
- política e economia;
- legislação;
- barreiras ao comércio internacional;
- documentação;
- requisitos administrativos, como licenças e certificados técnicos;
- estrutura logística;
- distância entre mercados;
- custos;
- carga tributária;
- investimentos e financiamentos;
- riscos e garantias;
- assistência técnica;
- variação cambial;
- prazo para o atendimento do pedido;
- cadeia de suprimentos e gerenciamento dessa cadeia;
- critérios de escolha de fornecedores;
- controle do fluxo de informação;

- controle do fluxo financeiro;
- controle de produtos.

Ao analisar esses tópicos, é possível perceber fatores ligados à conjuntura e à política de comércio internacional e outros relacionados à capacidade empresarial. As decisões estratégicas para atuação internacional precisam ter como base dados e informações tanto do cenário global quanto da capacidade empresarial. Esse conjunto de dados vai subsidiar uma empresa no decorrer de seus negócios, para que ela atinja os objetivos propostos em seu planejamento.

E como lidar com todos esses requisitos? Seria um gestor capaz de ter tudo isso na cabeça e ser considerado o gestor ideal? A seguir, abordaremos esses fatores, dividindo-os em duas partes.

Na *primeira parte*, temos os fatores ligados à conjuntura e à política de comércio exterior. Protecionismo, burocracia, câmbio, incentivos, financiamentos e transporte, entre outros, são elementos que podem representar as diferenças e dificuldades de acesso ao mercado internacional. Por sua vez, variáveis ligadas à capacidade empresarial podem, da mesma forma, significar dificuldade de atuação no exterior. Podemos destacar como fatores ligados à capacidade empresarial questões como integração gerencial, engenharia tributária e financeira, perfil dos executivos, falhas de comunicação, falta de informação, produtividade, falta de investimento em pesquisa e também o não conhecimento dos acordos internacionais, a má administração da logística internacional, entre outros. A seguir, trataremos de algumas dessas questões.

Protecionismo

No mercado internacional, o protecionismo pode ocorrer de várias maneiras, seja por meio de barreira tarifária, seja por meio de licenças de importação, de burocracia, suspensão ou proibição de compra e venda de determinado produto. E ele certamente representa um ponto importante na análise e no planejamento daqueles que pretendem comercializar produtos no mercado internacional.

O protecionismo consiste no conjunto de medidas que possam favorecer as atividades econômicas desenvolvidas internamente em um país, com o objetivo de combater a concorrência externa. Nesse caso, prevalecerão os interesses do país que adotar uma medida protecionista.

Política de câmbio

Não se pretende aqui abordar de maneira detalhada a política cambial brasileira, mas, sim, destacar a política de câmbio como um fator de forte influência nas decisões de atuação no comércio exterior.

Em que momento o câmbio pode favorecer as vendas de produtos brasileiros no exterior? A valorização da moeda nacional pode interferir nas decisões de exportações brasileiras? Essas são reflexões que o empresário, o gestor e o analista de comércio exterior devem fazer antes de tomar uma decisão sobre suas ações no mercado internacional. Comparando-se o mercado interno e o mercado externo, as questões cambiais, em vários momentos, representarão dificuldades de acesso ao exterior, tanto na importação quanto na exportação, e também facilidades, gerando lucratividade aos negócios.

É evidente que essas questões interferem no mercado interno, mas o objetivo aqui é chamar sua atenção para a importância de considerar em suas decisões a política de câmbio vigente no Brasil e até que ponto ela poderá favorecer a exportação ou a importação de produtos. Estar atento às taxas de câmbio, à valorização ou à desvalorização da moeda local no momento de enviar ou de receber divisas do exterior, certamente será um fator importante em sua decisão.

Incentivos

Que incentivos uma empresa tem, ou pode ter, vendendo e comprando produtos no mercado doméstico? Será que esses incentivos prevalecem nas negociações com o exterior?

Ao longo desses anos de atuação em comércio internacional, percebi que, em geral, as empresas, sobretudo as pequenas, não conhecem ou, se conhecem, não exploram os incentivos existentes nas relações internacionais. No mercado local, as empresas têm fácil acesso às informações, dada a existência de órgãos orientadores e o fato de as informações estarem no idioma nativo. Esse acesso às informações contribui para que elas conheçam e elaborem estratégias comerciais e financeiras de atuação no mercado local, com base nos incentivos existentes. Se considerarmos incentivos como o crédito de ICMS, empresas enquadradas no Simples Nacional, entre tantos outros, uma empresa pode tornar-se competitiva em relação a seus concorrentes.

Por outro lado, a atuação no mercado externo exigirá melhor preparo dessa empresa, porque será necessário falar e compreender outro idioma, entender a legislação, não só do Brasil, mas de outros países, informar-se sobre questões de política internacional e sobre os incentivos que essa política poderá trazer para seus negócios. Conhecer o comércio exterior sob a ótica dos incentivos demanda habilidade e conhecimento profundo do segmento de mercado em que se atua, bem como das opções legais que poderão fazer a diferença entre sobreviver ou não no mercado externo, perante a concorrência de outros países.

Incentivos fiscais fortalecem as decisões de internacionalização dos negócios, já que podem contribuir para que uma empresa atue não apenas no mercado local, mas também no mercado internacional. Qual a relevância de conhecer e usar os incentivos nas negociações globais, considerando-se objetivos como rentabilidade e boa colocação em relação aos concorrentes? É fácil deduzir que esse fator é de grande importância. Com base na legislação atual, identificamos alguns exemplos desses benefícios:

- redução tributária, que representa redução de alíquotas dos impostos incidentes, por exemplo, na importação;
- suspensão ou isenção tributária, a exemplo do que se aplica ao regime aduaneiro especial de *drawback*, um incentivo à exportação;
- acordos comerciais, a exemplo do Mercosul, cuja alíquota de imposto na importação para os países participantes do bloco é zero, ou da Associação Latino-Americana de Integração (Aladi), que permite a aplicação de preferência porcentual para as negociações entre os países pertencentes a esse bloco;
- redução de burocracia.

Mais uma vez, começo com uma pergunta: será que a burocracia aplicada ao mercado interno é a mesma aplicada ao mercado internacional? Certamente que não.

Os documentos e as exigências mudam, assim como a legislação. Enfim, é necessário que a empresa se adapte para atuar no comércio exterior. E qual a importância das questões burocráticas nas decisões de comprar no mercado externo ou de vender para o exterior?

Tomemos como exemplo o que o Brasil vende muito bem. Sabemos que o país é um grande produtor de soja e uma potência no agronegócio. Para que esses produtos cheguem a seu destino, por exemplo, à Europa, é necessária a adequação segundo as regras dos países importadores. Somente cumprindo as exigências do país parceiro comercial é que a venda pode ser realizada.

Custo Brasil

Em linhas gerais, o Custo Brasil é composto não só pela carga tributária, pelo custo burocrático, mas também pelo custo gerado pela estrutura logística deficiente que existe nos dias de hoje. Como diferença entre o mercado interno e o externo, a administração da logística internacional tem forte influência no resultado dos processos de importação e exportação. Ao profissional de comércio exterior cabe avaliar com muito critério a melhor opção logística, considerando a infraestrutura disponível, os modais de transporte, a movimentação, a armazenagem e a distribuição de cargas, o frete interno e o internacional, entre outros.

A gestão logística tem forte influência nos resultados esperados pelas empresas. Se pensarmos pelo lado da infraestrutura, podemos entender a logística como um fator de conjuntura política de comércio exterior, mas não tampouco sem atribuir ao gestor de negócios internacionais uma parcela de responsabilidade, uma vez que ele toma a decisão.

O governo adota políticas voltadas ao desenvolvimento logístico no Brasil fundamentais para o crescimento do comércio exterior e para a melhoria da percepção da qualidade do Brasil em relação a seus parceiros comerciais. Cabe, porém, ao gestor de comércio exterior buscar entender as deficiências logísticas, principalmente nas áreas relacionadas a portos e aeroportos, para desenvolver habilidade administrativa com foco na solução e melhoria do que diz respeito ao desenvolvimento de seus processos de importação e exportação.

Podemos destacar como exemplos de habilidades em gestão de comércio exterior:

- definição do melhor modal, escolha da melhor estrutura portuária ou aeroportuária;
- desenvolvimento de alternativas para o armazenamento e a movimentação de carga;
- viabilidade de utilização de modais, como o ferroviário, o fluvial e o transporte de cabotagem;
- capacidade para desenvolver parcerias estratégicas;
- agilidade para responder aos riscos, quando eles se concretizarem;
- percepção das necessidades de seus clientes;
- capacidade de agregar valor.

A *segunda parte* está relacionada à capacidade empresarial e, sobretudo, à formação de uma mentalidade exportadora. O que se vê, em geral, pensando-se agora na exportação, é que, normalmente, as empresas não vendem seus produtos com valor agregado. É importante que elas administrem seus processos de maneira a gerar vantagem competitiva e a manter a sustentabilidade do seu negócio. São exemplos de fatores ligados à capacidade empresarial:

- habilidade de comunicação;
- tomada de decisão com base em informação;
- capacidade técnica;
- habilidade em promover integração gerencial;
- domínio das questões legais de comércio exterior;
- conhecimento da burocracia;
- percepção das necessidades de seus clientes e agregação de valor.

Embora os exemplos sejam pontos positivos, nem sempre representam habilidades encontradas nos profissionais de comércio internacional, mas sim deficiências, uma vez que as empresas não se preparam para elas.

Em 2008, uma empresa efetuou uma compra na China e na ocasião buscou um frete mais barato. Por conta disso, o navio que saiu da China fez um transbordo na Europa e, quando os trâmites para troca de navio foram realizados, por um erro o produto ficou no porto europeu. Por ausência de informação e acompanhamento, só se percebeu a falta do produto após o navio estar em alfândega brasileira. O resultado disso foi a interrupção do fluxo de uma fábrica, pois o navio demorou dezessete dias na viagem da Europa até o porto brasileiro. O importador precisou de um dia para saber o que houve, o embarque na Europa foi agendado para o próximo navio, o que demorou cinco dias, e houve ainda mais os dezessete dias de trânsito. O tempo total de atendimento do pedido foi um desastre, e o importador acabou tendo muitos problemas comerciais.

Situação semelhante ocorreu ainda em 2008, quando uma empresa vendeu seus produtos a um cliente no México e, por falta de conhecimento, no momento de estufar o contêiner, não fez a devida amarração na carga. Como resultado, os produtos chegaram todos quebrados ao destino, o que desagradou muito ao comprador, que não procurou mais a empresa para novas encomendas. A falta de conhecimento gerou a perda do cliente.

Embora o governo deva procurar desenvolver políticas que favoreçam o fomento das atividades de comércio exterior, cabe ao profissional dessa área manter-se informado acerca do que pode ser feito nas áreas administrativa, fiscal e tributária, operacional, logística e de negociação. Considerando-se o nível de competição que uma empresa enfrenta em seu mercado interno, desenvolver estratégias que lhe possibilitem atuar no comércio internacional pode significar o sucesso de um empreendimento, a melhoria de seus resultados financeiros ou sua manutenção no mercado.

Entender os fatores citados faz com que o cliente perceba o valor agregado de um produto e de fato o valorize.

Inserir-se no comércio internacional demanda planejamento, estrutura e preparação. Em 2012, uma pequena empresa fez uma pesquisa e identificou, na América Latina, empresas interessadas em seus produtos. Após fazer contato e enviar amostras, seus possíveis clientes fizeram pedidos.

A estratégia operacional adotada pela empresa foi deixar a cargo da secretária o controle das exportações. Foi um equívoco estratégico, uma vez que a pessoa não foi preparada e, portanto, não estava apta a controlar as vendas no exterior. Nesse caso, o administrador percebeu a tempo a falha e a corrigiu, montando uma estrutura operacional que desse conta da exportação com qualidade e competência. Posteriormente, a secretária foi preparada e hoje cumpre seu papel com excelência.

Uma empresa não pode aventurar-se no comércio exterior. Praticar comércio internacional sem que esteja devidamente preparada pode ser perigoso, pois vender para o exterior ou comprar mercadorias de outros países requer muito cuidado em relação a tudo o que envolve essas operações.

Sendo assim, a empresa que atua ou atuará globalmente deverá, ao desenvolver sua estratégia de atuação e traçar seus objetivos, estar atenta aos fatores mencionados. Para uma orientação adequada, poderá utilizar alguns recursos facilmente disponíveis e que fazem parte das ferramentas de acesso ao comércio internacional do governo brasileiro.

Ferramentas de acesso ao comércio internacional

O Portal Siscomex[1] orienta sobre importação e exportação, legislação de comércio internacional, acordos internacionais, programas de apoio à exportação, visão geral dos processos de importação e exportação, classificação fiscal de mercadorias, financiamento e garantias, regimes especiais e tratamento administrativo aplicado às operações de comércio internacional. Além disso, direciona para outros sites que tratam de assuntos pontuais, como importação de material usado e exame de similaridade. Ainda traz estatísticas de comércio internacional separadas por continentes, notícias e boletins eletrônicos da Secretaria de Comércio Exterior, calendários de eventos nacionais e internacionais e dados da balança comercial brasileira.

No portal, as empresas têm acesso, ainda, a outros portais que oferecem estatísticas sobre o comércio exterior bem como informações sobre pro-

---

[1] Disponível em http://www.portalsiscomex.gov.br. Acesso em 31-7-2017.

cedimentos de exportação por segmentos de mercado; por que exportar; como obter apoio às exportações e como planejá-las; simulador de preço de exportação; fluxogramas logístico e operacional; tratamento tributário na importação; oportunidades de negócios; feiras internacionais; Sistema Integrado de Comércio Exterior (Siscomex).

Página inicial do Portal Siscomex
Disponível em http://portal.siscomex.gov.br/. Acesso em 3-10-2017.

O portal do Ministério da Indústria, Comércio Exterior e Serviços fornece informações sobre defesa comercial, benefícios fiscais, consultas públicas sobre comércio exterior, Tarifa Externa Comum (TEC) e barreiras comerciais, entre outras necessárias para a definição de estratégias de atuação global e de internacionalização.

Página inicial do portal do Ministério da Indústria, Comércio Exterior e Serviços
Disponível em http://www.mdic.gov.br. Acesso em 29-9-2017.

O *Aprendendo a exportar* é um aplicativo disponível na internet que possibilita o autoaprendizado e a interatividade para questões de exportação.

Página inicial do portal Aprendendo a exportar
Disponível em http://www.aprendendoaexportar.gov.br. Acesso em 3-10-2017.

Listamos a seguir outras ferramentas de apoio,[2] segundo dados do Ministério da Indústria, Comércio Exterior e Serviços (MDIC) e da Secretaria de Comércio Exterior (Secex):

- Encontros de Comércio Exterior: http://www.mdic.gov.br/comercio-exterior/pnce/1625-encomex.
- Estímulo à inserção de pequenas empresas no comércio exterior: http://www.mdic.gov.br/comercio-exterior/pnce/1626-redeagentes.
- Catálogo de exportadores brasileiros, divulgação de empresas e potenciais importadores estrangeiros, informações de produtos e mercados: http://www.vitrinedoexportador.gov.br.
- Sistema de análise das informações das importações e exportações brasileiras: http://aliceweb.mdic.gov.br/.

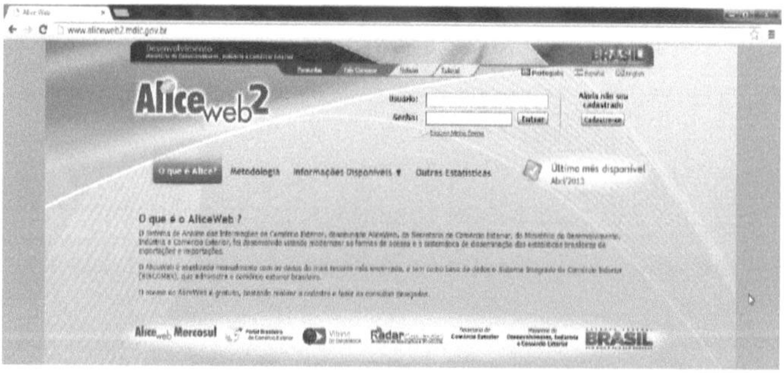

Página inicial do portal Aliceweb2

- Sistema de auxílio na identificação de mercados e produtos: http://radarcomercial.mdic.gov.br.

Página inicial do portal Radar comercial

---

2 Acessos em 31-7-2017.

- Programa de apoio tecnológico e assistência à micro e à pequena empresa que querem exportar: http://www.finep.gov.br.
- Agência de Promoção de Exportação e Investimento: http://www.apexbrasil.com.br.

Agora que já destacamos as diferenças entre mercado interno e mercado externo e que você já conhece os elementos que interferem nas decisões e negociações para atuação no comércio exterior sob dois aspectos – conjuntura e política de comércio exterior e fatores ligados à gestão empresarial –, é possível fazer uma analogia, como se essas duas questões estivessem nos pratos de uma balança. Sendo assim, estabelecer parâmetros que possam balizar essas duas questões certamente representará segurança no desenvolvimento de processos de compra e venda com o exterior e no planejamento estratégico para atuação global.

Resumo

O objetivo de conhecer as diferenças entre mercado interno e mercado externo deve ser buscar, sempre que possível, o equilíbrio nas relações comerciais entre fornecedores e clientes, a fim de promover uma negociação sólida e que possa trazer os resultados esperados, contribuindo para um relacionamento comercial duradouro e de fidelidade.

Não é tarefa fácil para uma empresa fazer-se entender fora do Brasil quando o assunto é, por exemplo, burocracia brasileira e Custo Brasil. Há certa dificuldade, até que a complexidade desses assuntos seja de domínio da empresa sediada em outro país. O reflexo disso é que as decisões sobre negociar, internacionalizar-se ou investir podem demorar um pouco.

Ao estudar e refletir sobre esses importantes pontos, as empresas serão mais eficientes na administração e gerenciamento de sua cadeia de suprimentos internacional, ou seja, vão controlar as atividades operacionais envolvidas nessas transações. Além disso, conhecerão com maior profundidade as necessidades de seus clientes e poderão responder a elas de forma objetiva e com resultados, gerando valor agregado percebido pelo cliente, o que, na prática, representa competitividade. Portanto, é prioridade considerar no planejamento internacional todas as variáveis discutidas neste capítulo e, com base em informações, desenvolver uma pesquisa de mercado traçando estratégias sólidas para atuação no cenário global.

Questões para reflexão

1. Sabendo que determinado produto, para ser importado por uma empresa brasileira, necessita de autorização da Anvisa e que essa autorização precisa ser dada antes do embarque do produto no exterior, que orientações são necessárias e importantes para o exportador?

Nesse caso, sugere-se informar ao exportador que, no Brasil, o produto em questão necessita de uma autorização específica e que, embora as tratativas de negociação estejam em andamento, o embarque da mercadoria pelo exportador somente poderá acontecer se autorizado por escrito pelo importador.

2. A observância das questões que tratam das diferenças entre mercado interno e mercado externo pode contribuir para que a empresa seja mais competitiva?

Certamente a empresa será mais competitiva e será capaz de produzir e comercializar produtos superiores aos da concorrência em preço e qualidade, além de projetar-se no contexto internacional de maneira correta e de acordo com o que estabelecem as normas de atuação nesse mercado. A observância de tais questões possibilita, também, que a empresa conheça os desejos dos consumidores e, assim, possa organizar-se e buscar agregar valor ao que oferece a seus clientes.

Estrutura do comércio exterior brasileiro

Até 1990, o Banco do Brasil, por intermédio da Carteira de Comércio Exterior (Cacex), o Banco Central do Brasil (Bacen) e o Conselho de Comércio Exterior (Concex) eram responsáveis pelas decisões e pela administração das atividades de comércio exterior no Brasil. Em 1992, ocorreu a reforma administrativa e, na época, foi criado o Ministério da Indústria, do Comércio e do Turismo (MICT), atual Ministério da Indústria, Comércio Exterior e Serviços (MDIC). Nesse momento, as responsabilidades da Cacex foram transferidas para a Secretaria de Comércio Exterior (Secex).

Iniciou-se, então, uma nova fase, e o empresário e gestor de comércio exterior passou a contar com uma nova e moderna estrutura organizacional de apoio às decisões de negociação com outros mercados.

Ao se posicionar estrategicamente ante o mercado internacional, uma empresa tem por obrigação conhecer, entre outras coisas, as políticas brasileiras de comércio exterior, pilares fundamentais na construção das ações de importação e de exportação. Não se trata apenas de se preparar tecnicamente, mas também de buscar a correta orientação sobre os procedimentos administrativos, tributários, operacionais e burocráticos que norteiam as transações comerciais de bens e serviços e sustentam as decisões com foco na internacionalização.

Uma pequena empresa brasileira, em 2011, não teria tido sucesso quando decidiu iniciar importações de réplicas de armas de fogo, se não tivesse se informado, antes da compra, sobre o tratamento administrativo aplicado a esse tipo de produto. O cumprimento de exigências do Ministério da Defesa foi determinante para o sucesso nos negócios.

Todo esse volume de informação e orientação está organizado numa estrutura de comércio exterior que tem por objetivo determinar as regras e procedimentos de importação e exportação. Não conhecer os órgãos controladores e anuentes e suas atribuições representa aumento do risco e da complexidade de atuação no mercado exterior.

Agora que você sabe que é importante conhecer a estrutura do comércio exterior brasileiro e o que ela representa no controle e definição das regras para as negociações de exportação e importação, veremos os principais controladores do comércio exterior no Brasil.

Órgãos controladores e competências

Ministério da Indústria, Comércio Exterior e Serviços (MDIC)

Segundo o site do MDIC,[3] o Ministério da Indústria, Comércio Exterior e Serviços, criado pela Medida Provisória nº 1.911-8, de 29-7-1999, DOU 30-7-1999, tem como áreas de competência:

- políticas de desenvolvimento da indústria, do comércio e dos serviços;
- propriedade intelectual e transferência de tecnologia;
- metrologia, normalização e qualidade industrial;
- políticas de comércio exterior;
- regulamentação e execução dos programas e atividades relacionados ao comércio exterior;
- aplicação dos mecanismos de defesa comercial e participação em negociações internacionais relacionadas ao comércio exterior;
- formulação da política de apoio à microempresa, empresa de pequeno porte e artesanato;
- execução das atividades de registro do comércio.

Ao MDIC estão vinculadas as seguintes entidades: Superintendência da Zona Franca de Manaus (Suframa); Instituto Nacional da Propriedade Industrial (Inpi); Instituto Nacional de Metrologia, Normalização e Qualidade Industrial (Inmetro) e Banco Nacional do Desenvolvimento Econômico e Social (BNDES). É relevante destacar que devemos observar as mudanças sinalizadas sobre a vinculação do MDIC ao Ministério da Economia.

---

[3] Disponível em http://www.mdic.gov.br. Acesso em 31-7-2017.

Ministério das Relações Exteriores (MRE)

Segundo seu site,[4] o Ministério das Relações Exteriores é o órgão político da administração direta, cuja missão institucional é auxiliar o presidente da República na formulação da política exterior do Brasil, assegurar sua execução, manter relações diplomáticas com governos de Estados estrangeiros, organismos e organizações internacionais e promover os interesses do Estado e da sociedade brasileira no exterior.

O MRE possui as seguintes áreas de competência:

- política internacional; relações diplomáticas e serviços consulares; participação nas negociações comerciais, econômicas, jurídicas, financeiras, técnicas e culturais com governos e entidades estrangeiros; programas de cooperação internacional e de promoção comercial; e apoio a delegações, comitivas e representações brasileiras em agências e organismos internacionais e multilaterais.

No trato dos assuntos de sua competência, o MRE possui as seguintes incumbências:

- executar as diretrizes de política exterior estabelecidas pelo presidente da República;
- propor ao presidente da República linhas de atuação na condução dos negócios estrangeiros;
- recolher as informações necessárias à formulação e execução da política exterior do Brasil, tendo em vista os interesses da segurança e do desenvolvimento nacionais;
- contribuir para a formulação e implementação, no plano internacional, de políticas de interesse para o Estado e para a sociedade, em colaboração com organismos da sociedade civil brasileira;
- administrar as relações políticas, econômicas, jurídicas, comerciais, culturais, científicas, técnicas e tecnológicas do Brasil com a sociedade internacional;
- negociar e celebrar tratados, acordos e demais atos internacionais;
- promover os interesses governamentais, de instituições públicas e privadas, de empresas e de cidadãos brasileiros no exterior.

---

[4] Disponível em http://www.itamaraty.gov.br. Acesso em 31-7-2017.

Câmara de Comércio Exterior (Camex)

Segundo o MDIC, a Camex, órgão integrante do Conselho de governo, tem por objetivo a formulação, a adoção, a implementação e a coordenação de políticas e atividades relativas ao comércio exterior de bens e serviços, incluindo-se o turismo.

Entre as competências definidas pelo Decreto nº 4.732, de 10 de junho de 2003, destacam-se:

- definir diretrizes e procedimentos relativos à implementação da política de comércio exterior que visem à inserção competitiva do Brasil na economia internacional;
- coordenar e orientar as ações dos órgãos que possuem competências na área de comércio exterior;
- definir, no âmbito das atividades de exportação e importação, diretrizes e orientações sobre normas e procedimentos para os seguintes temas, observada a reserva legal:
  - racionalização e simplificação do sistema administrativo;
  - habilitação e credenciamento de empresas para a prática de comércio exterior;
  - nomenclatura de mercadoria;
  - conceituação de exportação e importação;
  - classificação e padronização de produtos;
  - marcação e rotulagem de mercadorias;
  - regras de origem e procedência de mercadorias; estabelecimento das diretrizes para as negociações de acordos e convênios relativos ao comércio exterior, de natureza bilateral, regional ou multilateral; orientação da política aduaneira, observada a competência específica do Ministério da Fazenda.
- formular diretrizes básicas da política tarifária na importação e exportação; estabelecer diretrizes e medidas dirigidas à simplificação e racionalização do comércio exterior; estabelecer diretrizes e procedimentos para investigações relativas às práticas desleais de comércio exterior;

- fixar diretrizes para a política de financiamento das exportações de bens e de serviços, bem como para a cobertura dos riscos de operações a prazo, incluindo as relativas ao seguro de crédito às exportações;
- fixar diretrizes e coordenar as políticas de promoção de mercadorias e de serviços no exterior e de informação comercial;
- opinar sobre política de frete e transportes internacionais, portuários, aeroportuários e de fronteiras, que vise à sua adaptação aos objetivos da política de comércio exterior e ao aprimoramento da concorrência;
- orientar políticas de incentivo à melhoria dos serviços portuários, aeroportuários, de transporte e de turismo, com vistas no incremento das exportações e da prestação desses serviços a usuários oriundos do exterior;
- fixar as alíquotas do imposto de exportação, respeitadas as condições estabelecidas no Decreto-lei nº 1.578, de 11 de outubro de 1977; fixar as alíquotas do imposto de importação, atendidas as condições e os limites estabelecidos na Lei nº 3.244, de 14 de agosto de 1957, no Decreto-lei nº 63, de 21 de novembro de 1966, e no Decreto-lei nº 2.162, de 19 de setembro de 1984;
- fixar direitos *antidumping* e compensatórios, provisórios ou definitivos, e salvaguardas;
- decidir sobre a suspensão da exigibilidade dos direitos provisórios; homologar o compromisso previsto no art. 4º da Lei nº 9.019, de 30 de março de 1995; definir diretrizes para a aplicação das receitas oriundas da cobrança dos direitos de que trata o inciso XV do artigo 4º;
- alterar, na forma estabelecida nos atos decisórios do Mercado Comum do Sul - Mercosul, a nomenclatura comum do Mercosul de que trata o Decreto nº 2.376, de 12 de novembro de 1997.

Ressalte-se que os atos expedidos pela Camex devem considerar, ainda, os compromissos internacionais firmados pelo país, em particular junto à Organização Mundial do Comércio (OMC), ao Mercosul e à Associação Latino-Americana de Integração (Aladi).

Secretaria de Comércio Exterior (Secex)

As atribuições da Secex, conforme o MDIC, ao qual é subordinada, são:

- implementar mecanismos de defesa comercial;
- propor políticas de medida fiscal e cambial, de recuperação de crédito à exportação e de promoção comercial;
- formular propostas de políticas e programas de comércio exterior e estabelecer normas necessárias à sua implementação;
- apoiar o exportador submetido a investigação de defesa comercial no exterior;
- executar os serviços de Secretaria Executiva do Conselho Nacional das Zonas de Processamentos de Exportação (CZPE).

Departamento de Operações de Comércio Exterior (Decex)

Segundo o MDIC, o Decex tem por atribuições a:

- coordenação de normas operacionais e assuntos econômicos;
- coordenação geral de assuntos de exportação (*drawback* e registro de exportação), de informação e de desenvolvimento do Siscomex;
- coordenação de assuntos de importação, como licença de importação de material usado e de bens novos, sujeitos a exames de similaridade.

Ministério da Fazenda (MF)

O MF é o órgão que, na estrutura administrativa da República Federativa do Brasil, cuida, basicamente, da formulação e execução da política econômica.

Receita Federal do Brasil (RFB)

Segundo seu site,[5] as competências da RFB podem ser sintetizadas desta forma:

---

5 Disponível em http://www.receita.fazenda.gov.br. Acesso em 31-7-2017.

- administração dos tributos internos e do comércio exterior; gestão e execução das atividades de arrecadação, lançamento, cobrança administrativa, fiscalização, pesquisa e investigação fiscal e controle da arrecadação administrada;
- gestão e execução dos serviços de administração, fiscalização e controle aduaneiro;
- repressão ao contrabando e descaminho, no limite de sua alçada; preparo e julgamento, em primeira instância, dos processos administrativos de determinação e exigência de créditos tributários da União;
- interpretação, aplicação e elaboração de propostas para o aperfeiçoamento da legislação tributária e aduaneira federal;
- subsídio à formulação da política tributária e aduaneira; subsídio à elaboração do orçamento de receitas e benefícios tributários da União; interação com o cidadão por meio dos diversos canais de atendimento, presencial ou a distância;
- educação fiscal para o exercício da cidadania; formulação e gestão da política de informações econômico-fiscais;
- promoção da integração com órgãos públicos e privados afins, mediante convênios para a permuta de informações, métodos e técnicas de ação fiscal e para a racionalização de atividades, incluindo-se a delegação de competência;
- atuação na cooperação internacional e na negociação e implementação de acordos internacionais em matéria tributária e aduaneira;
- gestão dos recursos materiais, financeiros, humanos e tecnológicos.

Esses são alguns dos órgãos controladores do comércio exterior. Além disso, de acordo com as necessidades específicas do comércio internacional, há a possibilidade de determinado produto passar por um controle, dadas suas características e aplicabilidade no mercado.

Esse tipo de controle, definido como tratamento administrativo, será tratado mais adiante neste livro. No momento, queremos apenas ressaltar a necessidade de conhecer, também, as exigências legais para a importação e exportação de determinados produtos, como, por exemplo, medicamentos, produtos de madeira, alimentícios, entre outros. Tais procedimentos são definidos, controlados e fiscalizados pelos órgãos anuentes, como a Agência Nacional de Vigilância Sanitária (Anvisa), o Banco do Brasil, o Departamento de Operações de Comércio Exterior (Decex), o Ministério da Defesa, o Ministério da Agricultura, Pecuária e Abastecimento, etc.

Retomando o exemplo do início deste capítulo, o de importação de réplicas de armas de fogo, coube ao Ministério da Defesa, na ocasião da importação, analisar a licença de importação e, por fim, deferir ou não o pedido de licença. Nesse exemplo, o órgão anuente exerceu seu papel fiscalizador e aprovou a licença e, assim, o importador manteve seu planejamento de compras internacionais.

Reservar um tempo do planejamento para pesquisar sobre essas regras e esses procedimentos ajusta o fluxo de informação e o torna eficiente e eficaz na hora de definir uma estratégia. Além disso, vai permitir o controle dos processos, a aplicação dos recursos necessários e a busca correta da capacitação técnica.

Nem todos os anuentes aplicam taxas para analisar o licenciamento, e também algumas empresas fazem essas solicitações com estrutura própria e não por meio de terceiros. Por isso, o custo total de uma carga controlada pode variar de acordo com o procedimento administrativo aplicado ao produto. No planejamento tributário, devem-se levar em conta os custos para obtenção de licenças junto aos órgãos anuentes. São, ao menos, dois custos distintos: a prestação de serviços da empresa de assessoria que solicitará a licença e o valor cobrado pelo órgão anuente, segundo sua política de preços.

É certo que uma empresa precisa concentrar-se em seu negócio e optar por ter uma equipe interna dedicada a solicitar e acompanhar a licença de produtos controlados ou contratar uma empresa terceirizada de assessoria em comércio exterior para essa atividade.

Na maioria dos casos, na prática do dia a dia, importadores, exportadores e prestadores de serviços vão envolver-se com mais frequência com a RFB, a Secex, o Banco Central do Brasil e o Decex.

Resumo

O objetivo de conhecer os mecanismos de controle, os órgãos controladores, a legislação de comércio exterior e os procedimentos de tratamento administrativo aplicado a determinados produtos pelos órgãos anuentes é dar credibilidade ao planejamento internacional e ao processamento de pedidos, além de garantir a transparência nas operações de importação e exportação, segundo o que preveem a legislação brasileira e a internacional. Isso diminui muito o risco operacional de um processo e faz do parceiro comercial uma empresa satisfeita com o resultado.

Assim, quanto mais essa estrutura for conhecida pelo gestor de comércio exterior, mais ele atuará de forma eficiente, com competência e produtividade e foco nos objetivos empresariais, conforme uma estratégia previamente definida.

Reservar o tempo necessário para estudar os aspectos legais, operacionais e os procedimentos é parte importante do processo de maturação de uma empresa que pretende atuar no mercado global, e essa fase não deve ser esquecida no Planejamento de Negócios Internacionais de qualquer empresa, independentemente de seu porte.

Questões para reflexão

1. Cite exemplos de ações diretas nos processos de importação que podem ser exercidas pela Secex.

A Secex atua no controle de processos em regime especial de drawback, *pelo qual uma empresa importa ou adquire um produto no mercado interno com benefício fiscal, desde que agregue valor e exporte o produto final. Ela também delibera sobre importação de material usado e importação de produtos que não tenham similar no Brasil, que se enquadram como ex-tarifários.*

2. Se uma empresa contrata uma assessoria em comércio exterior que se responsabiliza pelas orientações, qual a importância de o importador e/ou exportador conhecer a estrutura de comércio exterior brasileira?

Independentemente de optar pela terceirização, e, de fato, muito do que é desenvolvido numa operação de importação e exportação é feito por terceiros, cabe ao importador/exportador orientar-se para tomar suas decisões. Ao conhecer os órgãos anuentes e suas atribuições, importador e exportador tomam decisões mais acertadas e com maior agilidade.

Aspectos operacionais e administrativos do comércio exterior

Legislação

A consolidação e o sucesso dos negócios das empresas no comércio global dependem, em grande parte, dos instrumentos que orientam as práticas operacionais e administrativas na importação e na exportação. Tais instrumentos dizem respeito não só às estratégias do governo para o setor de comércio exterior no Brasil, mas também às leis, como decretos, Regulamento Aduaneiro, portaria Secex e instruções normativas da Receita Federal do Brasil.

Esse conjunto de legislação é um pilar essencial na construção de uma mentalidade de comércio exterior ética, responsável e de gestão de importação e de exportação em conformidade com as regras brasileiras e internacionais. Saiba que as práticas operacionais, sobretudo no Brasil, quando desenvolvidas em desconformidade com a legislação, causam prejuízos e comprometem os resultados planejados na compra e venda.

Certamente não é fácil conhecer todas as leis relacionadas a essa área, mas ao profissional de comércio exterior cabe a responsabilidade de buscar informações, ao menos as minimamente necessárias para seu planejamento de internacionalização.

Não se justifica a falta de informação, uma vez que o governo brasileiro disponibiliza diversas ferramentas de comércio exterior que fornecem dados estatísticos; orientação sobre procedimentos de importação e de exportação; planilhas e simuladores de preço de venda; simulador tributário na importação; opções de cursos; diferentes fluxogramas operacionais de importação e exportação organizados por segmentos de mercado; oportunidades comerciais de compra e venda; pesquisas de preços mínimos cobrados no mercado internacional; alíquotas de impostos na importação, etc. Essas ferramentas podem ser acessadas pelo portal do MDIC e pelo Portal Siscomex.

A partir de agora, será dado destaque ao que chamo de domínio legal, minimamente necessário para a condução das operações de importação e de exportação pelos profissionais dessas áreas.

A complexidade tributária brasileira dificulta o domínio de todos os aspectos legais que norteiam a exportação e a importação no Brasil. Vários são os aspectos legais relevantes e importantes a serem observados em relação à legislação. O Regulamento Aduaneiro e as normas da Secex, embora não sejam as únicas leis que amparam as atividades de comércio exterior no Brasil, têm grande influência no dia a dia de exportadores e importadores, sejam eles dos setores da indústria ou do comércio, de empresas de assessoria ou de qualquer outra ligada a essa prática empresarial.

Regulamento Aduaneiro (RA)

O Decreto nº 6.759, de 5 de fevereiro de 2009, regulamenta a administração das atividades aduaneiras, a fiscalização e o controle e a tributação das operações de comércio exterior.

A decisão de uma empresa de importar ou exportar bens e serviços começa pela ideia, vontade, necessidade de maiores lucros e segue pelo desenvolvimento de um planejamento de negócios internacionais. O planejamento deve ser elaborado em concordância com a legislação e deve seguir o que determina o RA.

A seguir, destacamos alguns pontos importantes desse regulamento:

- definição de território aduaneiro;
- definição de zona primária e de zona secundária;
- impostos incidentes na importação e na exportação;
- fato gerador de impostos;
- incidências de impostos;
- não incidência de impostos;
- aplicação de alíquotas para recolhimento de impostos;

- competência para alteração de alíquotas de imposto de importação;
- taxas de câmbio para conversão para cálculo de imposto;
- regime de tributação simplificada;
- regime de tributação especial;
- Regime de Tributação Unificada – RTU;
- contribuinte do imposto;
- restituição e compensação de imposto;
- isenções de impostos;
- reduções de impostos;
- amostras e remessas postais internacionais sem valor comercial;
- remessas postais destinadas a pessoa física;
- bagagem;
- regimes aduaneiros especiais;
- multas aplicadas à importação;
- multas aplicadas à exportação.

Na prática, o que esses tópicos representam para as empresas? Falemos sobre alguns pontos.

Portos e aeroportos brasileiros são pontos de passagem de mercadorias e não deveriam reter produtos por muito tempo. Uma mercadoria importada, por exemplo, se não nacionalizada num prazo de noventa dias contados a partir de sua chegada ao Brasil, é levada a pena de perdimento, e, nesse caso, o importador terá mais trabalho para liberar sua mercadoria. Estrategicamente as empresas podem optar por usar a zona secundária para desembaraço de suas cargas.

Daí a importância da divisão do território aduaneiro em zona primária e zona secundária, o que é uma forma de facilitar a vida de quem trabalha com comércio exterior e de colaborar com a estrutura operacional de armazenagem e movimentação de carga, desafogando os locais por onde entram e saem mercadorias no Brasil. Na zona secundária, os chamados portos secos e Estação Aduaneira Interior (Eadi), os produtos podem ficar por um pouco mais de tempo. Outra facilidade é que a estrutura de zona secundária se concentra em várias partes dos estados brasileiros, e isso pode agilizar o acesso a um produto.

Um exemplo é uma empresa em Minas Gerais, cuja fábrica está localizada a cem metros de distância de uma zona secundária. Estrategicamente, há mais de cinco anos, a empresa decidiu fazer a remoção de seus produtos do porto de Santos para a Eadi em Minas Gerais. Os resultados foram a agilização no processo de desembaraço aduaneiro na importação de seus produtos, a redução do risco operacional, a redução do custo de armazenagem, que foi negociado com a Eadi, o acesso à fiscalização, em caso de exigências no momento da conferência de mercadoria, e a praticidade de estar perto do armazém.

Explorando um pouco mais os pontos anteriores, pense agora no seguinte: o RA fala de fato gerador de impostos e da incidência desses impostos. Mas será que, havendo fato gerador de um imposto, sempre haverá incidência? Certamente não. No RA, as empresas encontram as possibilidades em que os impostos nas operações de comércio exterior não irão incidir. Dessa forma, o planejamento pode ter variações que fortalecerão e sustentarão as decisões das empresas. Além disso, as previsões legais sobre isenção e suspensão tributária estão no RA. No que diz respeito às penalidades, as empresas precisam tomar um cuidado especial com os documentos de importação e exportação para evitar pendências em seus processos, atrasos na liberação alfandegária e, é claro, aplicação de penalidade, a multa.

É importante que se avalie a possibilidade de utilização da zona secundária e seus benefícios em relação a portos e aeroportos. Além disso, é indispensável considerar no planejamento as possibilidades de operações em que não há incidência de impostos e conhecer as possibilidades de suspensão, isenção e redução de base de cálculo de impostos.

Portaria Secex

A Secex consolida as normas e procedimentos aplicáveis às operações de comércio exterior. São normas estabelecidas pela portaria Secex para a prática das operações e administração das importações e exportações.

Atualmente, a Secex normatiza essas operações por meio da Portaria Secex nº 23, de 2011. Nela constam pontos importantíssimos, resumidos a seguir:

- Inscrição no Registro de Exportadores e Importadores – REI.
- Credenciamento e habilitação para as operações no Sistema Integrado de Comércio Exterior – Siscomex.
- Sistema administrativo e licenciamento das importações:
  - importações dispensadas de licenciamento;
  - importações sujeitas a licenciamento automático;
  - importações sujeitas a licenciamento não automático.
- Importação sujeita a exame de similaridade.
- Importação de material usado.
- Importação sujeita a obtenção de cota tarifária.
- Descontos na importação.
- Mercado Comum do Sul – Mercosul.
- Regime aduaneiro especial de *drawback*:
  - *drawback* de suspensão;
  - *drawback* de isenção;
  - *drawback* intermediário;
  - *drawback* para embarcação;
  - *drawback* de mercado interno;
  - demais modalidades de *drawback*.
- Registro de Exportação – RE.
- Tratamento administrativo para exportação.
- Documentos de exportação.
- Exportação sem cobertura cambial.

- Exportação destinada a feiras e exposições.
- Comissão de agente.
- Financiamento à exportação.
- Sistema Geral de Preferência - SGP.
- Retorno de mercadoria exportada.
- Remessas financeiras ao exterior.
- Empresa comercial exportadora, entre outros.

E o que se pode destacar nessa portaria? Nela estão os procedimentos para licença na importação. Segundo o RA, em seu artigo 706, item I, aplica-se multa de 30% do valor aduaneiro pela importação de mercadoria sem licença de importação ou documento de efeito equivalente. Nesse caso, cabe uma dica importante: observar em conjunto o RA e a portaria Secex, que se complementam.

Destaco também a possibilidade de exportação destinada a feiras e exposições. O exportador pode iniciar suas vendas no exterior com a participação em feiras internacionais. Nesse caso, a legislação vai dar toda a orientação necessária à condução desse processo de exportação, que está vinculado ao retorno do produto ao Brasil no prazo previamente determinado pelo órgão fiscalizador, a RFB. Uma vez mais cabe a dica de se observarem conjuntamente a portaria e o RA.

Há empresas que são predominantemente exportadoras, mas que, na consolidação de seus negócios internacionais, necessitam de importações para fabricar ou agregar valor a produtos finais destinados ao exterior. Ou, ainda, que compram no mercado interno para fabricar produtos exportáveis. Esse modelo de negócio de exportação tem benefício fiscal, uma forma de contribuir para que um produto brasileiro seja competitivo no mercado global. Nesse caso, a portaria Secex orienta sobre o regime aduaneiro especial de *drawback*, que beneficia exportadores com a suspensão ou isenção dos impostos para os produtos importados e/ou adquiridos no mercado interno por empresas que transformam esse produto e exportam o produto final. Sendo assim, a portaria Secex trata da orientação para esse benefício de incentivo à exportação, recurso bastante usado no cenário internacional.

O planejamento precisa ser fundamentado nas questões legais, pois só assim as empresas se prepararão para a construção de uma imagem sólida no cenário internacional.

Controle do comércio exterior no Brasil

Qual o prazo para atendimento de um pedido de compra ou venda de exportação? Eles podem variar? Que cliente não gostaria de receber seus produtos e serviços no tempo certo e a preço competitivo? Certamente esse é também um dos objetivos das empresas que atuam no comércio exterior em relação a seus consumidores finais. A busca pela excelência passa, sem dúvida, pelo cumprimento de prazo para atender pedidos.

Ao me referir a prazos, considero que a sistemática de controle das operações de importação e exportação praticada pelos órgãos controladores e anuentes deve ser conhecida pelos profissionais de comércio exterior e, mais, precisa ser levada em conta no planejamento internacional, pois interfere nos prazos. Já falamos anteriormente sobre as barreiras existentes no cenário global; agora, vamos agregar esse conhecimento aos controles operacionais que o Brasil pratica e, com isso, compreender a importância desse controle e quanto ele pode influenciar os processos de comércio exterior.

Sistema Integrado de Comércio Exterior (Siscomex)

O Siscomex, implantado na década de 1990, é um sistema administrado pela RFB que representa um avanço no controle administrativo, operacional, tributário e financeiro nas trocas internacionais de mercadorias e serviços.

Os trâmites alfandegários de liberação de carga ganharam agilidade e, embora ainda hoje haja muito por ser feito, devemos reconhecer que as empresas ganharam bastante, graças ao Siscomex, no que diz respeito à confiabilidade das operações e ao tempo de carga parada nas alfândegas, aguardando a ação fiscal.

Nesse sistema, é registrada a Declaração de Importação (DI), a Licença de Importação (LI), a Declaração Única de Exportação (DU-E), entre outros. Depois do registro é o sistema que dá andamento ao processo, direcionando ou não a mercadoria para uma conferência documental ou física. Dessa forma, obtém-se um procedimento que, na prática, ajuda no planejamento e na tomada de decisão das empresas, uma vez que, ao menos em média, é possível saber o tempo de liberação de carga na exportação e na importação. Nessa etapa do processo de compra e venda, o profissional deve trabalhar com base em seu histórico de liberação alfandegária para estabelecer suas metas de prazo para atendimento de um pedido.

O Siscomex contribuiu e ainda contribui para as estatísticas de comércio exterior. Com informações pontuais, é possível medir o andamento das operações de exportação e importação por diversas variáveis.

O sistema serve ainda como instrumento de informação sobre o tratamento administrativo aplicado à importação, sendo possível saber se determinado produto necessita ou não de licença de importação.

O profissional de comércio exterior precisa consultar regularmente o Siscomex para se informar sobre os tratamentos administrativos aplicáveis a seus produtos, já que a legislação muda constantemente e isso altera o perfil das operações de comércio exterior. Vale lembrar que o Siscomex é atualizado sempre que ocorre alguma alteração na legislação.

É importante consultar regularmente os saldos cambiais dos processos de importação e de exportação. O Siscomex fornece dados sobre as remessas e recebimentos de divisas, e consultas regulares ajudam as empresas a controlar seus saldos de câmbio e a corrigir qualquer pendência entre os processos de importação e de exportação e os contratos de câmbio fechados.

O Siscomex está assim estruturado:

- **Perfil importador**: no qual são feitos o registro de importação, o registro de licença de importação e ainda atualização e pesquisa de taxas de câmbio; acompanhamento de despacho aduaneiro na importação; pesquisa de tratamento administrativo – LI; recuperação de processos de importação já finalizados; pesquisa de DI num determinado período; retificação de DI.

- **Exportação**: no qual é elaborada a Declaração Única de Exportação (DU-E), que substituiu o Registro de Exportação (RE) e a Declaração de Despacho de Exportação (DDE), reunindo as informações de natureza cambial, fiscal, tributária e administrativa na exportação num único documento. A DU-E possibilitou a melhora no processo de desembaraço aduaneiro, sendo relevante para a agilidade e a segurança do processo, além de dar maior rastreabilidade da carga desde a saída do produto da fábrica do exportador.

Destaco, em especial, o Mantra, que permite ao importador verificar as condições de atracação de sua carga importada nos armazéns da Infraero. Essa informação é importante, uma vez que ela orienta importadores sobre falhas no processo logístico de transporte internacional e, com isso, eles podem decidir o que fazer nesses casos.

Em 2007, uma empresa que importava produtos farmacêuticos com frequência os recebia com a embalagem danificada. Essa informação constava no Mantra e, por conta do alto valor agregado da carga e por se tratar de produto perecível, o importador não decidia sozinho sobre seguir ou não com a liberação desse material na alfândega. Estrategicamente a decisão final cabia à seguradora.

Com as informações do Mantra e a vistoria da seguradora, constatou-se que o problema se dava na origem, que não providenciava embalagem adequada que desse segurança à carga. Uma vez identificado o problema, a ação seguinte foi resolvê-lo, e fornecedor e comprador chegaram a um acordo, corrigindo a qualidade da embalagem.

O quadro a seguir mostra a atracação de uma carga de importação no terminal de cargas do Aeroporto Internacional de São Paulo-Guarulhos:

```
SISCOMEX-MANTRA IMPORTACAO                    03/07/2012 09:19
                         PAG. 01 / 02
____________SITUACAO DA CARGA ______________IK

HAWB   XXX 51aa 18bb  abcde   DE 12/06/2012  AEROPORTOS=>
HKG / GRU
                         NC=>    ¦PREP
CONSIGNAT EMPRESA LTDA         FRETE¦COLL           4006,29
VOL. 20    PESO 517,000 K      COD. MOEDA FRETE  USD

URF - 0817600 - AEROPORTO INTERNACIONAL DE SAO PAULO/
GUARULHOS
INF  14/06/2012  AS  10:22   TERMO   1XXXXXX2-5  ...SIA0068
14/06/2012

CHEGADA    14/06/2012 - 15:44   VOL. 20      517,000 K TC= 6  T
ARMAZENAMENTO   R.A. 8911101      VOL. 24    PESO 517,000 K
      EMB= 08   ARM = TE          AVARIAS = C G
      14/06/2012 - 21:05    CPF  ABCDEEEEE-XX    REGISTRADO
      14/06/2012 - 21:07    CPF  ABCDEEEEE-XX    ENCERRADO
      14/06/2012 - 22:53    CPF  ABCDEEEEE-XX    AVALIZADO
      14/06/2012 - 22:53    AFRF          VISADO
```

Fonte: SISCOMEX – 2012

Se considerarmos que no Mantra é possível identificar várias informações e as avarias apontadas na carga no momento de seu armazenamento, o importador poderá tomar a decisão de acionar ou não a seguradora, caso a carga tenha sido segurada por seguro de transporte internacional de carga.

A seguir, algumas tabelas de códigos do Mantra que devem ser observados antes do registro da importação.

Códigos de avarias:

A – Diferença de peso

B – Lacre violado

C – Amassado

D – Vazamento

E – Quebrado

F – Rasgado

G – Refitado

H – Furado

I – Aberto

J – Molhado

K – Despregado

L – Repregado

M – Indícios de violação

N – Riscado

Tendo como exemplo a tela anterior do Mantra, é possível identificar as avarias dessa carga:

AVARIAS = C G

As avarias C e G indicam que há volumes amassados e refitados, o que, para algum importador, poderia sugerir iniciar procedimentos junto à seguradora, caso a mercadoria tenha sido coberta por seguro.

Códigos de natureza:

A – Normal

B – Geladeira e perecível

C – Cofre

D – Restrita / Radioativa

E – Animal vivo

Códigos de embalagem:
01 – Tambor de plástico
02 – Tambor de metal
03 – Tambor de papelão
04 – Caixa de madeira
05 – Caixa de papelão
06 – Caixa de isopor
07 – Saco plástico
08 – Saco de aniagem
09 – Amarrado
10 – Envelope
11 – Pacote
12 – Peça
13 – Canudo
14 – Engradado de madeira
15 – Mala comum
16 – Contêiner de plástico
17 – Urna funerária
18 – Caixa de metal
19 – Baú de metal
20 – Baú de madeira
21 – Light-van
22 – Contêiner
23 – Caixa de plástico
24 – Saco de lona
25 – Diversos
26 – Rolo
27 – Pneu
28 – Saco de papel
29 – Fardo
30 – Jaula

Códigos de temperaturas padronizadas:

PEA – Perecível, armazenar entre -18 °C e 0 °C

PEB – Perecível, armazenar entre -2 °C e 8 °C

PEC – Perecível, armazenar entre -9 °C e 15 °C

PED – Perecível, armazenar entre -16 °C e 22 °C

PEE – Perecível, armazenar em condições especiais

PER – Carga perecível – genérico

PLS – Plantas e sementes

Estar atento a essas informações no Mantra vai ajudar a evitar prejuízos na importação e colaborar com as decisões de importadores sobre a condução do processo de desembaraço aduaneiro no aeroporto.

Recebendo constante atualização, o projeto de melhoria do Siscomex finalizou a implantação do Portal Único Siscomex da Declaração Única de Exportação (DU-E). O Portal Único Siscomex tem por objetivo reduzir etapas e exigências governamentais, aprimorando o fluxo operacional e administrativo dos processos de comércio exterior; a DU-E visa adequar o controle administrativo e aduaneiro ao processo logístico da exportação por meio da substituição de alguns documentos, como o Registro de Exportação (RE) e a Solicitação de Despacho (SD), por um único documento devidamente integrado aos órgãos anuentes ao Siscomex conforme anteriormente citado.

Ainda com o Portal Siscomex, é essencial que os profissionais do comércio exterior acompanhem mudanças que acontecerão também no Mantra.

Vistoria da seguradora

Não é difícil cargas serem avariadas durante um processo de importação e exportação e, embora o seguro não seja obrigatório, o bom senso diz que importadores e exportadores precisam garantir a integridade de seus produtos por meio da contratação de seguro de transporte internacional. Quando uma carga com avarias sugerir uma avaliação mais detalhada para apurar danos e prejuízos, a seguradora deve ser acionada.

A seguradora orienta sobre os procedimentos de vistoria de carga avariada ou com indícios de avaria. Dependendo do grau de perda, os procedimentos variam:

- vistoria particular sem acesso à mercadoria, mas, sim, à forma como ela está armazenada e com possibilidade de identificar eventuais danos maiores à carga;
- vistoria aduaneira, com acesso ao produto e, com isso, à exata dimensão dos danos. Nesse caso, participam da vistoria o dono da carga, o órgão fiscalizador da RFB e os representantes do armazém e da seguradora.

No transporte marítimo, cabe ao terminal de carga indicar em documento próprio (presença de carga) a existência ou não de avaria ou indícios de avaria.

Uma empresa recebeu a notificação de que seu contêiner estava amassado e com indícios de dano na carga. O dono da carga, uma indústria, adotou uma medida simples, solicitando fotos do contêiner e, por meio delas, ele próprio conseguiu avaliar o risco e optou por não acionar a seguradora. Nesse caso, ganhou tempo e evitou que o produto ficasse parado na alfândega brasileira.

Obviamente, a decisão de acionar a seguradora isenta o importador e/ou exportador de qualquer responsabilidade que possa influenciar o processo de indenização, mas isso não significa que essa decisão deva ser tomada sem que antes se analisem todas as opções: avaliar antes a extensão do dano, por meio de fotos; solicitar que o despachante aduaneiro verifique as condições da carga armazenada e acompanhar o embarque, se necessário.

Ações simples como essas podem evitar perdas financeiras e contribuir para que os produtos não fiquem parados muito tempo na alfândega, o que gera mais cobrança de armazenagem. Uma vistoria aduaneira pode levar muito tempo, até meses, e, se considerarmos que o período de armazenagem no porto, em média, é de 12 a 15 dias, isso pode ser custoso. Essas ações podem ainda colaborar com o processo de decisão sobre os trâmites a serem seguidos para que não ocorram impactos negativos perante os clientes, já que demoras nesse processo podem causar atrasos na produção ou mesmo no atendimento do pedido, resultando no descontentamento do cliente.

Em fevereiro de 2012, uma empresa exportou seus produtos e solicitou que fossem enviadas fotos da estufagem do contêiner para saber o estado da carga e sua segurança para o transporte marítimo. Ao analisar as fotos, percebeu que os paletes haviam sido colocados uns sobre os outros, o que poderia comprometer a segurança da carga. Embora não fosse certo que haveria dano, a decisão poderia ter sido parar o processo de liberação, corrigir o posicionamento dos paletes no contêiner e depois embarcar.

Mas isso iria atrasar muito a chegada da carga ao destino. Estrategicamente, a decisão do exportador foi autorizar o embarque, mas acompanhando a chegada dessa carga ao porto de destino. Como a empresa tinha todo o conhecimento técnico e operacional sobre seu produto, a decisão foi acertada na medida em que o embarque não sofreu atraso e, quando a carga chegou ao destino, houve a troca de paletes após o desembaraço aduaneiro. Essa decisão fez a diferença.

Dito isso, é fácil compreender quanto o Siscomex facilita a vida das empresas que atuam no comércio exterior e sua importância em momentos pontuais de um processo que demanda decisões importantes.

Acesso ao Siscomex

O acesso ao Siscomex se dá por meio de senha pessoal e intransferível. Cabe ao usuário, despachante aduaneiro ou não, zelar pela senha. A solicitação da senha é feita diretamente à Receita Federal do Brasil, e poderá pedir acesso, conforme determina a Instrução Normativa RFB:

- despachante aduaneiro;
- dirigente ou empregado da pessoa jurídica representada;
- empregado de empresa coligada ou controlada da pessoa jurídica representada; e
- funcionário ou servidor especificamente designado, nos casos de habilitação na modalidade especial.

Além da senha de acesso, o usuário deverá possuir certificado digital e-CPF. Uma vez habilitados para utilização do Siscomex, exportador e importador poderão promover seus registros de importação e de exportação.

Ainda sobre o acesso ao Siscomex, o governo brasileiro vem buscando utilizar ferramentas mais modernas e ágeis que proporcionem mais rapidez e melhor controle dos registros de importação e de exportação. Na busca por ferramentas mais modernas, já que o Siscomex foi implantado na década de 1990, algumas funções estão disponibilizadas no Portal Siscomex.

Siscomex carga - Siscarga

Desde 2009, o fluxo de carga internacional que circula no modal marítimo pelos portos brasileiros passou a ser controlado pelo Siscarga. Nele, são lançadas as informações referentes a cada embarque marítimo, garantindo-se a segurança e a integridade das informações referentes às exportações e importações brasileiras.

O Siscarga facilita o fluxo logístico e comercial, promovendo a segurança das cargas, simplificando procedimentos operacionais e dando agilidade aos processos de comércio exterior que circulam pelos portos do Brasil.

Ao se planejar para a utilização do modal marítimo, as empresas devem conferir com cuidado os documentos de embarque. Divergências documentais podem acarretar pesadas multas às empresas que não observarem dados importantes como a classificação fiscal de mercadorias, a quantidade de itens no conhecimento de embarque e a descrição das mercadorias, etc. Dessa forma, um único banco de dados reúne informações importantes da operação de transporte marítimo. Esse controle faz parte das novidades da história recente do comércio internacional brasileiro.

Diante de tanta tecnologia e controle, que ações são necessárias, então, para evitar perdas e danos nos processos de comércio exterior desenvolvidos pelas empresas?

O comércio exterior evoluiu muito e, num cenário global competitivo, continuará evoluindo. Porém qualquer perda pode tirar uma empresa da briga pelo mercado. Os usuários do Siscarga são os operadores portuários e logísticos, armadores, agentes de carga e RFB.

Ações simples podem evitar prejuízos e, portanto, é necessário estabelecer procedimentos no processo estratégico para atuação no mercado internacional:

- valide os documentos antes do embarque de qualquer produto;
- confira as informações importantes que vão alimentar os sistemas de controle do governo brasileiro;
- confira a descrição e a classificação fiscal dos produtos;
- confira o peso e a quantidade dos produtos conforme o que foi previamente negociado.

Criar um procedimento para conferência e validação dos documentos que apoiam um processo de importação e de exportação antes de sua emissão definitiva é fundamental. A empresa que se organiza dessa maneira torna-se proativa e corre menos risco operacional passível de comprometer o atendimento de um pedido.

Sistema mercante

O sistema mercante tem por objetivo o controle da arrecadação do Adicional de Frete para a Renovação da Marinha Mercante (AFRMM) e, desde sua implantação, o Departamento de Marinha Mercante (DMM) passou a ter uma ferramenta de controle informatizada para conferir agilidade e confiabilidade ao AFRMM. Com esse sistema, o importador passou a recolher a taxa por meio de débito em conta corrente no Banco do Brasil. Sendo assim, se o importador quiser controlar pessoalmente esse débito, deverá ter uma conta no BB. Outra opção é o adiantamento desse valor a seu representante legal para que este faça o pagamento.[6]

Todas as informações do Conhecimento de Embarque são lançadas nesse sistema pela companhia de navegação, gerando o CE Mercante e, com esse controle, a taxa AFRMM é creditada nas respectivas contas dos beneficiários.

Juntos, esses programas controlam o fluxo de informação, de recursos e de documentos de forma eficiente, efetiva e, sempre que possível, em tempo real, com foco no atendimento às necessidades de exportadores e importadores.

---

6 Disponível em http://www.mercante.transportes.gov.br. Acesso em 31-7-2017.

O fluxograma a seguir ilustra o controle das operações de exportação e de importação:

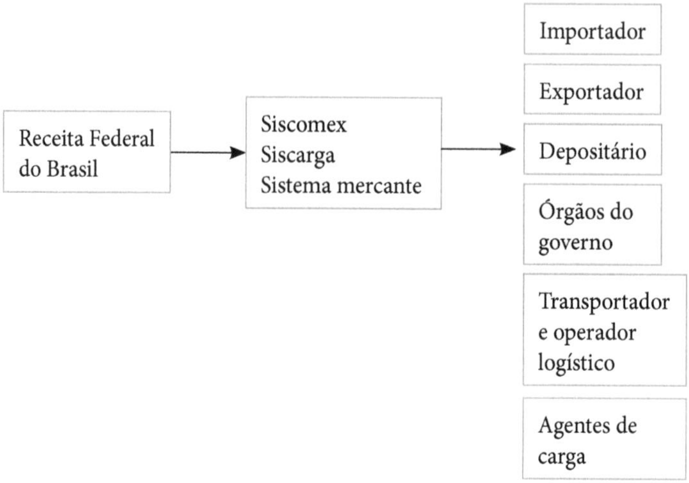

Na prática, as atividades desenvolvidas pelos intervenientes em comércio exterior estão todas vinculadas a um banco de dados cujo objetivo é a transparência e eficiência no controle da importação e da exportação. Conhecer a sistemática de controle é parte importante do processo de planejamento.

Resumo

Os gargalos das atividades operacionais e administrativas de comércio exterior acontecem em grande parte pelo fato de não se estabelecerem procedimentos que permitam avaliar, conferir e validar documentos, principalmente nas alfândegas brasileiras. Estar atento às questões legais, como regulamentos e leis, diminui bastante esse risco.

Tomando como exemplo um processo de importação, qualquer ação que não esteja conforme a regulamentação acaba por se refletir no Brasil, ou seja, um problema na origem causa dor de cabeça para o importador quando o produto já está em território aduaneiro. A combinação da legislação e da política de controle de importação e exportação do governo brasileiro gera eficiência quanto ao modo como as empresas desenvolvem suas atividades de comércio exterior. Por esse motivo, é essencial conhecê-las.

Questão para reflexão

1. Uma empresa brasileira fecha a compra de uma máquina para a indústria gráfica no valor de US$ 148 mil e solicita ao fornecedor que faça testes nela para comprovar sua capacidade de produção, de acordo com suas especificações técnicas. Depois de a máquina ser testada várias vezes, o importador autorizou o embarque. No Brasil, a fiscalização entendeu que se tratava de importação de equipamento usado e, portanto, interrompeu o processo de liberação alfandegária porque a importação de usados no Brasil segue regras específicas. Nesse caso, como fazer para evitar que o argumento de produto usado fosse válido, apesar de o equipamento ter sido testado na origem?

O importador deve observar o que determina a legislação sobre importação de usados antes do embarque, ou até mesmo antes de fechar o negócio. Para evitar que o teste do equipamento traga risco de penalidades imputadas pela fiscalização brasileira, é preciso providenciar todos os documentos e a autorização prévia ao embarque necessária para esse tipo de compra, bem como preparar documentos comerciais que comprovem os testes a fim de se obterem argumentos contra a ideia de importação de usados. Antecipar-se. Planejar-se. Observar a legislação. Atuar em conformidade com as regras brasileiras de comércio exterior.

Ambiente de Registro e Rastreamento da Atuação dos Intervenientes Aduaneiros (Radar)

Uma das etapas mais importantes para a atuação em comércio exterior é a preparação da empresa para esse mercado. Ao desenvolver seu plano de negócios internacionais, a empresa precisa incluir essa fase.

Como já foi visto em capítulo anterior, os órgãos controladores do comércio exterior brasileiro são responsáveis, entre outras coisas, por definir os procedimentos legais para atuação e controle da importação e exportação. Certamente é vontade de todo importador e exportador que sua empresa esteja apta para o comércio exterior o mais breve possível. Entretanto, a preparação de uma empresa para atuação global pode levar tempo e, em muitos casos, mais tempo do que ela gostaria.

Em meados de 2006, uma empresa que se instalava no Brasil tomou a decisão de fechar negócios de importação na ordem de R$ 4 milhões antes de cumprir a etapa de preparação e habilitação para essa atividade, de acordo com a legislação da RFB. Como a empresa era estrangeira, não conhecia muito bem a burocracia do Brasil e em seu planejamento considerou estar apta a importar num prazo de trinta dias, o que não aconteceu. Como resultado, perdeu vendas e clientes em razão dessa decisão equivocada.

Por esse e outros motivos, é fundamental planejar essa fase com base na legislação vigente e nos prazos determinados pela fiscalização e posicionar-se estrategicamente perante seus clientes finais.

Desde 2006, a RFB tem controlado e credenciado o acesso das empresas intervenientes em comércio exterior por meio do Radar. Não que esse controle não existisse anteriormente, mas até 2006 era exercido pela Cacex, do Banco do Brasil.

Portanto, empresas que queiram atuar no comércio exterior devem considerar, em seu planejamento, o prazo necessário para se cadastrarem no sistema Radar da RFB. Devem considerar, ainda, que o prazo para o credenciamento varia conforme o caso e pode levar mais tempo do que o previsto. O prazo necessário para habilitação dependerá de fatores como:

- histórico de atuação da empresa no mercado, tempo de atuação no Brasil, se empresa estrangeira;
- documentação (que deve estar em ordem);
- pendências com a RFB;
- capital social;
- expectativa de compra e venda no exterior, objetivos de importação e exportação;
- análise dos últimos cinco anos de recolhimento da empresa requerente do Radar;
- recolhimento dos tributos federais.

Fora esses fatores, há uma documentação que deve ser entregue para se obter o protocolo da habilitação. O que se percebe é que tem havido um esforço muito grande por parte dos órgãos controladores do comércio exterior para adotar controles confiáveis, ágeis e transparentes das operações de importação e exportação, e o Radar é um deles.

O Radar foi instituído por meio da Instrução Normativa RFB nº 650, de 2006, e do Ato Declaratório Executivo Coana (ADE Coana) nº 03/2006, que estabeleceram as modalidades de habilitação. Ambos, porém, foram revogados, e, em dezembro de 2015, foi publicada a Instrução Normativa RFB nº 1.603 e a Portaria Coana nº 123, e posteriormente alterações, as quais estabelecem os novos procedimentos e os documentos para habilitação, que serão destacados a seguir.

Modalidades e submodalidades do Radar

Modalidades: conforme artigo 2º da IN RFB nº 1.603/2015.[7]

[...]

I – Pessoa jurídica, nas seguintes submodalidades:

a) expressa, no caso de:

1. pessoa jurídica constituída sob a forma de sociedade anônima de capital aberto, com ações negociadas em bolsa de valores ou no mercado de balcão, bem como suas subsidiárias integrais;
2. pessoa jurídica certificada como Operador Econômico Autorizado;
3. empresa pública ou sociedade de economia mista;
4. órgãos da administração pública direta, autarquia e fundação pública, órgão público autônomo, organismo internacional e outras instituições extraterritoriais;
5. pessoa jurídica que pretenda realizar operações de exportação, sem limite de valores, e de importação, cujo somatório dos valores, em cada período consecutivo de 6 (seis) meses, seja inferior ou igual a US$ 50 mil (cinquenta mil dólares dos Estados Unidos da América); e
6. pessoa habilitada para fruir dos benefícios fiscais concedidos para a realização dos Jogos Olímpicos de 2016 e dos Jogos Paralímpicos de 2016, previstos na Lei nº 12.780, de 9 de janeiro de 2013, inclusive a contratada para representar os entes referidos no § 2º do art. 4º da referida Lei.

b) limitada, no caso de pessoa jurídica cuja capacidade financeira comporte realizar operações de importação em que a soma dos valores, em cada período consecutivo de 6 (seis) meses, seja superior a US$ 50 mil (cinquenta mil dólares dos Estados Unidos da América) e igual ou inferior a US$ 150 mil (cento e cinquenta mil dólares dos Estados Unidos da América); ou

c) ilimitada, no caso de pessoa jurídica com capacidade financeira que permita realizar operações de importação cuja soma dos valores seja

---

[7] Disponível em http://normas.receita.fazenda.gov.br/sijut2consulta/link.action?idAto=70354. Acesso em 31-7-2017.

> superior a US$ 150 mil (cento e cinquenta mil dólares dos Estados Unidos da América).
>
> II – pessoa física, no caso de habilitação do próprio interessado, inclusive quando qualificado como produtor rural, artesão, artista ou assemelhado. [...]
>
> § 1º A estimativa da capacidade financeira para o enquadramento das pessoas jurídicas a serem habilitadas será apurada mediante a sistemática de cálculo definida em ato normativo expedido pela Coordenação-Geral de Administração Aduaneira (Coana).

A normativa que trata da estimativa da capacidade financeira é a Portaria Coana nº 123/2015, alterada pela Portaria Coana nº 58/2016.

A habilitação de pessoa física é válida apenas para seu uso e consumo próprio, operações e comércio exterior para suas atividades pessoais, incluindo-se a condição de produtor rural, artesão, artista ou assemelhado.

Em 2010, um brasileiro que trabalha no exterior enviou ao Brasil uma *scooter.* Uma empresa foi contratada para fazer a importação, foi habilitado no Radar o pai desse residente no exterior, e a importação pôde ser feita como pessoa física.

Ainda com base nessa análise e de acordo com a capacidade financeira, a empresa será enquadrada em uma das submodalidades: limitada ou ilimitada. A revisão da capacidade financeira poderá ser feita a qualquer tempo pela Receita Federal do Brasil com base nas informações disponíveis em sua base de dados, mediante ofício ou a pedido da própria empresa. Isso significa, por exemplo, que a empresa habilitada na submodalidade limitada poderá requerer sua habilitação na submodalidade ilimitada por meio do pedido de revisão de estimativa e para isso deve apresentar informações que comprovem essa solicitação. Essas informações são dadas por meio de documentos que comprovem a capacidade financeira da empresa em valores superiores a US$ 150 mil.

Mesmo que a RFB faça uma análise com base em seu banco de dados, durante o processo de habilitação, poderão ser solicitados documentos por meio de intimação para regularização de pendência ou de inconsistências no pedido, e diligências poderão ser feitas na sede da empresa a fim de se constatarem as informações. Poderá, ainda, ser solicitada a presença na RFB do responsável legal da empresa, de algum diretor, do responsável pelas transações internacionais da empresa ou do responsável pela escrituração contábil fiscal.

Tenho observado que, com a nova legislação, a RFB tem solicitado, com certa frequência, comprovante de integralização de capital social e documentos que comprovem a origem dos recursos da pessoa física responsável legalmente pela pessoa jurídica. Penso que essas solicitações se devam à análise das declarações de renda tanto da pessoa jurídica quanto da pessoa física.

Tendo como base a atividade-fim da empresa requerente do Radar, ainda poderá ser verificada a capacidade operacional, e a Receita Federal solicitará a comprovação desse dado. Empresas que enviem requerimento em desacordo com a legislação, apresentem documentos falsos ou deixem de cumprir exigências no prazo estabelecido na intimação, terão o pedido indeferido.

Submodalidade limitada

Nesta submodalidade, as empresas poderão obter autorização para fechar negócios no exterior a cada seis meses, nos seguintes valores de acordo com a operação: importação de até US$ 150 mil CIF (*Cost, Insurance and Freight*); e exportação, independentemente do valor estabelecido para importação.

O que se considera nessa modalidade é que o requerente da habilitação não terá uma atuação habitual no comércio exterior e que o controle de saldo, no caso de importação CIF, é a soma do valor da mercadoria, do frete e do seguro de transporte internacional. Por causa dessa limitação de valor, é sugerido que a empresa adote procedimentos que lhe permitam saber com precisão os valores importados. É essencial que ela faça o controle do saldo do Radar sob pena de o produto ficar parado na alfândega brasileira sem que tenha sido liberado pela fiscalização.

Em 2012, uma empresa do setor de autopeças, que importa produtos da China, atingiu o limite do Radar no mês de março e, por isso, precisou esperar o retorno do saldo, o que ocorreu somente em junho. Esse descontrole causou problemas de abastecimento a seus clientes, além de gerar descontentamento e prejuízos.

A seguir, um exemplo de utilização semestral do limite do Radar na submodalidade limitada.

A empresa habilitada no Radar limitado tem saldo mensal de US$ 25 mil, num total de US$ 150 mil em seis meses. Caso ela feche importações no valor de US$ 100 mil no primeiro mês, esse valor estará disponível para uso novamente apenas no mês 7. Se ela importar US$ 50 mil no segundo mês, todo o saldo estará comprometido já no segundo mês e esse valor de US$ 50 mil estará disponível apenas no mês 8. Sendo assim, ela não poderá importar entre os meses 3 e 6.

Mês 1 Mês 2 Mês 3 Mês 4 Mês 5 Mês 6 Mês 7 Mês 8

|...........|............|.............|..............|.............|.............|..............|................|

100 50 (sem saldo para importação) 100 50

(valor em mil US$)

- Os meses 1 e 2 representam o período de consumo do saldo total de importação permitido no Radar.
- Os meses 3 a 6, o período em que a empresa não poderá importar.
- O mês 7 representa o período em que a empresa terá de volta US$ 100 mil do saldo.
- O mês 8, o período em que a empresa terá de volta US$ 50 mil do saldo.

Pelo exemplo acima, o período crítico está entre os meses 3 e 6 e, caso a empresa queira importar nesse período, vai precisar definir outra estratégia, uma vez que estará impedida de comprar no exterior.

Em abril de 2011, um importador que estava com o Radar Simplificado com base na antiga IN nº 650, ainda com um saldo de US$ 91 mil, por um descontrole interno, autorizou o embarque de produtos no valor de US$ 91.780,00 e, quando a carga atracou no porto brasileiro de Santos, não foi possível fazer a liberação alfandegária até que o Radar tivesse novamente saldo, o que demorou quarenta dias.

Numa situação como essa, podemos fazer algumas análises:

- produto parado na alfândega é um prato cheio para os concorrentes;
- não importa o valor que se ultrapasse do limite, o produto não será liberado pela fiscalização;
- os custos para manter o produto na alfândega brasileira comprometem o planejamento financeiro;

- a empresa tem problemas de fluxo de caixa para custear as despesas extras com armazenagem e outras taxas portuárias;
- é preciso jogo de cintura para lidar com os clientes que esperam por esse produto;
- é necessário rever o planejamento de importação para saber se o limite do Radar Simplificado ainda atende às expectativas da empresa em relação ao mercado global.

Submodalidade ilimitada

A atuação na importação e na exportação em limites acima do estabelecido na submodalidade limitada credencia as empresas para solicitar a submodalidade ilimitada. Nesse tipo de Radar, poderão solicitar habilitação as empresas que atuem habitualmente no comércio exterior, mas, para ter direito à habilitação, o requerente precisa comprovar sua capacidade financeira e que tem condições de assumir riscos com o exterior, seja na compra, seja na venda de produtos. Além disso, precisa comprovar a origem de seus recursos e também fornecer informações adicionais à RFB, caso estas sejam solicitadas durante o processo de credenciamento.

A análise da capacidade financeira será feita segundo a Portaria Coana nº 123/2015, alterada pela Portaria Coana nº 58/2016, com base nos últimos cinco anos de recolhimento da empresa de IRPJ, CSLL, PIS, Cofins e contribuição previdenciária relativa aos funcionários do requerente. Em caso de empresas em início ou retomada de atividade, será observada a proporcionalidade.

Na prática, o que se tem é uma exigência de análise maior em comparação com a submodalidade limitada, e o resultado disso pode ser prazo mais longo de análise do processo de habilitação. Um detalhe importante é que é maior o risco de exigências por parte da fiscalização durante o processo de análise do pedido.

Cabe à RFB analisar os documentos e deferir ou não o Radar em qualquer uma das submodalidades e, especificamente na ilimitada, a RFB poderá estabelecer limites para atuação na importação. Na prática, isso não significa que, se a empresa ultrapassar o limite, a carga vai parar na alfândega, diferentemente do que ocorre na submodalidade limitada.

Um fundamento básico das operações de comércio exterior é o planejamento e o plano de negócios internacionais, uma vez que eles dão sustentação aos processos de importação e exportação. Já vi muitas empresas requererem o Radar para atuação em valores acima de US$ 150 mil sem a mínima base de informação e consistência de dados contábeis, operacionais e comerciais.

Caso a empresa não reúna todos os documentos exigidos para análise, cabe rever sua estratégia internacional e repensar seu modelo de habilitação. É importante considerar nessa decisão que a garantia de habilitação no Radar é justamente que a empresa apresente e cumpra todas as exigências estabelecidas na legislação.

Acesso ao Radar

Depois de habilitada, a empresa acessa o Radar e nele cadastra seu representante legal, ou seja, o despachante aduaneiro contratado para representá-la no desembaraço aduaneiro, fase importante na qual ocorre a liberação de uma carga pela fiscalização.

Para acessar o sistema, basta entrar no portal da Receita Federal pelo link: https://portalunico.siscomex.gov.br/portal/.[8] Abrirá uma tela na qual o acesso

[8] Acesso em 31-10-2018.

se dá por meio do certificado digital e-CPF do responsável legal da empresa, aquele que constou do requerimento de habilitação.

A partir daí, a empresa inclui, altera ou exclui seus representantes legais de acordo com sua conveniência. Uma vez que o representante legal tenha sido cadastrado, o acesso ao Siscomex ou ao Novoex estará liberado, e o representante poderá atuar no desembaraço aduaneiro da empresa que o contratou.

Para solicitar a habilitação no Radar, é necessário o certificado digital e-CPF do responsável legal da empresa requerente.

Modelos de requerimento

A seguir, incluo o modelo de Requerimento de Habilitação e informações de preenchimento de acordo com a orientação da legislação.

REQUERIMENTO DE HABILITAÇÃO

Instruções para preenchimento do formulário de requerimento de habilitação

QUADRO I. IDENTIFICAÇÃO DO REQUERENTE / INTERESSADO:

Deve ser preenchido com os dados da pessoa jurídica interessada.

CAMPO I.1. Nome / Nome empresarial / Razão Social

Preencher com o nome empresarial ou razão social, conforme o caso. Observar a mesma grafia que consta do CNPJ, sem abreviações.

CAMPO I.2. CPF / CNPJ

Preencher com o número de inscrição do CNPJ do estabelecimento matriz da empresa.

CAMPO I.3/I.4/I.5. Telefone para contato

Preencher com os telefones disponíveis para contato.

CAMPO I.6. Tipo de Requerimento

Assinalar apenas **UMA** das opções:

- HABILITAÇÃO: assinalar essa opção se a pessoa jurídica não se encontra habilitada no Siscomex. Também devem ser preenchidos os campos 7, 8, 10 e 11, caso essa opção seja assinalada.

- REVISÃO DE ESTIMATIVA: assinalar essa opção se a pessoa jurídica interessada se encontra habilitada no Siscomex na submodalidade Limitada e pretende ampliar seu limite semestral para fins de habilitação na submodalidade Ilimitada. Nesse caso, também devem ser preenchidos os campos 7, 8, 11 e 13.

- ALTERAÇÃO DE RESPONSÁVEL LEGAL: assinalar essa opção se a pessoa jurídica interessada pretende substituir, incluir ou excluir seu responsável legal perante o Siscomex. Nesse caso, também devem ser preenchidos os campos 12 e 13.

CAMPO I.7. Opção pelo RTU

Assinalar se há ou não opção pelo Regime de Tributação Unificada instituído pela Lei nº 11.898, de 8 de janeiro de 2009.

O Regime de Tributação Unificada (RTU) é um regime que permite a importação, por via terrestre, pela fronteira entre os municípios de Ciudad del Este (Paraguai) e Foz do Iguaçu/PR, por MICROEMPRESA importadora varejista, de determinadas mercadorias procedentes do Paraguai, mediante o pagamento unificado dos impostos e contribuições federais devidos na importação, com despacho aduaneiro simplificado.

Atenção: preencher somente se for um requerimento do tipo **Habilitação**, na modalidade Pessoa Jurídica.

CAMPO I.8. Habilitação Expressa

Assinalar se a pessoa jurídica se enquadra em alguma das opções a seguir (art. 2º, I, a, da IN RFB nº 1.603/2015):

- pessoa jurídica constituída sob a forma de sociedade anônima de capital aberto, com ações negociadas em bolsa de valores ou no mercado de balcão, bem como suas subsidiárias integrais;
- pessoa jurídica certificada como Operador Econômico Autorizado;

- empresa pública ou sociedade de economia mista;
- órgãos da administração pública direta, autarquia e fundação pública, órgão público autônomo, organismo internacional e outras instituições extraterritoriais;
- pessoa jurídica que pretenda realizar operações de exportação, sem limite de valores, e de importação, cujo somatório dos valores, em cada período consecutivo de 6 (seis) meses, seja inferior ou igual a US$ 50.000,00 (cinquenta mil dólares dos Estados Unidos da América); e
- pessoa habilitada para fruir dos benefícios fiscais concedidos para a realização dos Jogos Olímpicos de 2016 e dos Jogos Paralímpicos de 2016, previstos na Lei nº 12.780, de 9 de janeiro de 2013, inclusive a contratada para representar os entes referidos no § 2º do art. 4º da referida Lei.

CAMPO I.9. Tipo de alteração de Responsável Legal

Assinalar o tipo de alteração de responsável legal pretendida.

Atenção: Preencher somente se for um requerimento do tipo **Alteração de Responsável Legal.**

No caso de **Substituição**, o atual responsável legal perante o Siscomex será substituído pela pessoa qualificada no Quadro III.

No caso de **Inclusão**, a pessoa qualificada no Quadro III será incluída como responsável legal perante o Siscomex, em adição ao(s) atual(is) responsável(is) legal(is).

No caso de **Exclusão**, a pessoa qualificada no Quadro III será excluída da condição de responsável legal perante o Siscomex. Caso esse seja o único responsável legal cadastrado no Siscomex, a habilitação da empresa será SUSPENSA até que um novo responsável legal seja indicado.

CAMPO I.10. Enquadramento Habilitação Expressa

Preencher, somente se o campo I.8 tiver sido assinalado com Sim, com um dos enquadramentos a seguir:

- pessoa jurídica constituída sob a forma de sociedade anônima de capital aberto, com ações negociadas em bolsa de valores ou no mercado de balcão, bem como suas subsidiárias integrais;

- pessoa jurídica certificada como Operador Econômico Autorizado;
- empresa pública ou sociedade de economia mista;
- órgãos da administração pública direta, autarquia e fundação pública, órgão público autônomo, organismo internacional e outras instituições extraterritoriais;
- pessoa jurídica que pretenda realizar operações de exportação, sem limite de valores, e de importação, cujo somatório dos valores, em cada período consecutivo de 6 (seis) meses, seja inferior ou igual a US$ 50.000,00 (cinquenta mil dólares dos Estados Unidos da América); e
- pessoa habilitada para fruir dos benefícios fiscais concedidos para a realização dos Jogos Olímpicos de 2016 e dos Jogos Paralímpicos de 2016, previstos na Lei nº 12.780, de 9 de janeiro de 2013, inclusive a contratada para representar os entes referidos no § 2º do art. 4º da referida Lei.

CAMPO I.11. Enquadramento Revisão de Estimativa

Preencher caso tenha sido assinalado a opção Revisão de Estimativa no campo I.6 com a nova submodalidade pretendida (Limitada entre US$ 50.000,00 e US$ 150.000,00 ou Ilimitada).

QUADRO II. IDENTIFICAÇÃO DO PROCURADOR:

Preencher com os dados do representante/procurador da pessoa jurídica requerente.

CAMPO II.1. Nome

Preencher com o nome do representante/procurador da pessoa jurídica requerente sem abreviações, em conformidade com o documento de identificação apresentado.

CAMPO II.2. CPF

Preencher com o número de inscrição do CPFJ.

CAMPO II.3/II.4/II.5. Telefone

Preencher com o telefone para contato.

QUADRO III: IDENTIFICAÇÃO DO RESPONSÁVEL PERANTE O SISTEMA INFORMATIZADO:

Deve ser preenchido apenas na habilitação de pessoa física.

QUADRO IV. IDENTIFICAÇÃO DO RESPONSÁVEL PERANTE O SISTEMA INFORMATIZADO:

Deve ser preenchido com os dados da pessoa física que será habilitada como responsável legal da pessoa jurídica perante o Siscomex. Só poderão ser admitidas como tal as pessoas físicas com a qualificação de representante indicada na Tabela de Natureza Jurídica × Qualificação do Representante da Entidade da IN RFB nº 1.470/2014.

Caso o requerimento seja do tipo **Habilitação** e a empresa pretenda habilitar mais de um responsável legal, preencher no anexo.

Caso o requerimento seja do tipo **Alteração de Responsável Legal**, observar as orientações relativas ao Campo I.9 do Quadro I.

CAMPO IV.1. Nome completo

Preencher o nome completo do responsável legal, sem abreviações.

CAMPO IV.2. CPF

Preencher com o número de inscrição do responsável legal no CPF.

CAMPO IV.3. Qualificação

Preencher conforme a tabela do Anexo V à IN RFB nº 1.470/2014.

QUADRO VI. FIRMA / ASSINATURA

CAMPO 1. Nome

Preencher com a assinatura do responsável legal ou representante.

CAMPO 2. CPF

Preencher com o CPF do responsável legal ou representante legalmente constituído.

Fonte: Receita Federal do Brasil, 2017.[9]

[9] Disponível em http://idg.receita.fazenda.gov.br/orientacao/aduaneira/manuais/habilitacao/Pessoa-Juridica/Instrucoes-para-Preenchimento. Acesso em 25-9-2017.

REQUERIMENTO DE HABILITAÇÃO

MINISTÉRIO DA FAZENDA

Receita Federal

REQUERIMENTO DE HABILITAÇÃO

I. IDENTIFICAÇÃO DO REQUERENTE / INTERESSADO

1. Nome / Razão social		2. ☐ CPF ■ CNPJ
3. Telefone de contato 1	4. Telefone de contato 2	5. Telefone de contato 3
6. Tipo de Requerimento ☐ Habilitação ☑ Revisão de Estimativa	7. Opção pelo RTU Sim Não	8. Habilitação Expressa Sim Não
9. Enquadramento Habilitação Expressa		
10. Enquadramento Revisão de Estimativa		

II. IDENTIFICAÇÃO DO PROCURADOR

1. Nome		2. CPF
3. Telefone de contato 1	4. Telefone de contato 2	5. Telefone de contato 3

III. IDENTIFICAÇÃO DO REPRESENTANTE DA PESSOA FÍSICA (Use a página Complemento se necessário)

1. Nome	2. CPF

IV. IDENTIFICAÇÃO DO RESP. DA PJ PERANTE O SISTEMA INFORMATIZADO (Use pag. Complemento se necessário)

1. Nome	2. CPF
3. Qualificação	4. Tipo de Alteração do Responsável Legal ☑ Inclusão ☐ Exclusão

V. DECLARAÇÃO

O requerente ou seu procurador, adiante assinado, declara expressamente, sob as penas da lei, ter optado pelo Domicílio Tributário Eletrônico, estar autorizado a pleitear a habilitação em nome da pessoa qualificada no quadro I, e que as informações prestadas são verdadeiras.

VI. FIRMA / ASSINATURA

1. Nome	2. CPF

IN RFB 1.603/2015 ADE COAEF 0003/2015 v.1.05.07 1/1

(cont.)

MINISTÉRIO DA FAZENDA

Receita Federal

REQUERIMENTO DE HABILITAÇÃO

COMPLEMENTO

III. IDENTIFICAÇÃO DO REPRESENTANTE DA PESSOA FÍSICA

1. Nome	2. CPF

1. Nome	2. CPF

1. Nome	2. CPF

1. Nome	2. CPF

1. Nome	2. CPF

1. Nome	2. CPF

1. Nome	2. CPF

1. Nome	2. CPF

IV. IDENTIFICAÇÃO DO RESPONSÁVEL DA PJ PERANTE O SISTEMA INFORMATIZADO

1. Nome	2. CPF
3. Qualificação	4. Tipo de Alteração do Responsável Legal ☒ Inclusão ☐ Exclusão

1. Nome	2. CPF
3. Qualificação	4. Tipo de Alteração do Responsável Legal ☒ Inclusão ☐ Exclusão

1. Nome	2. CPF
3. Qualificação	4. Tipo de Alteração do Responsável Legal ☒ Inclusão ☐ Exclusão

1. Nome	2. CPF
3. Qualificação	4. Tipo de Alteração do Responsável Legal ☒ Inclusão ☐ Exclusão

1. Nome	2. CPF
3. Qualificação	4. Tipo de Alteração do Responsável Legal ☒ Inclusão ☐ Exclusão

IN RFB 1.603/2015 ADE COAEF 0003/2015 v.1.05.07

Fonte: Ministério da Fazenda e Receita Federal do Brasil, 2017.

O modelo a seguir é o controle de acesso aos sistemas informatizados da Receita Federal e nele são inseridos os dados da pessoa jurídica e da pessoa física responsável legal pela empresa. A pessoa física indicada nesse documento terá a vinculação de seu CPF ao Siscomex. Dependendo do acesso que ela necessite ter, esse documento será apresentado. Com o Portal Único, ao requerer a habilitação no Radar na opção Habilitar Empresa nesse portal, o CPF do responsável legal já será cadastrado para efeito de acesso ao cadastro do representante legal para fins de representação na importação e na exportação, não sendo mais necessário apresentar esse documento.

(Anexo I da Portaria Conjunta Cotec/Coana nº 61, de 26 de julho de 2017)

Receita Federal	COORDENAÇÃO-GERAL DE TECNOLOGIA DA INFORMAÇÃO (COTEC)	CONTROLE DE ACESSO AOS SISTEMAS INFORMATIZADOS DA RFB	REQUERIMENTO PARA HABILITAÇÃO DE USUÁRIO EM SISTEMAS DO COMÉRCIO EXTERIOR

I - IDENTIFICAÇÃO DO USUÁRIO

NOME COMPLETO	CPF	TELEFONE (DDD/Nº)

II - QUALIFICAÇÃO DO USUÁRIO

CATEGORIA

- [ ] RESPONSÁVEL LEGAL
- [ ] REPRESENTANTE LEGAL
- [ ] OUTRO (descrever):

TIPO DE REPRESENTANTE LEGAL

- [ ] DIRIGENTE
- [ ] EMPREGADO
- [ ] DESPACHANTE ADUANEIRO
- [ ] OUTRO (descrever):

III - IDENTIFICAÇÃO DO REPRESENTADO

NOME COMPLETO:

CNPJ / CPF :

ATIVIDADE DO REPRESENTADO

- [ ] EXPORTADOR
- [ ] IMPORTADOR
- [ ] DEPOSITÁRIO
- [ ] TRANSPORTADOR (modal):
- [ ] OUTRO (descrever):

TELEFONE (DDD/Nº)

IV – PROCESSO DE HABILITAÇÃO DA IN 1603/2015

Nº DO PROCESSO:

V – TERMO DE RESPONSABILIDADE

Eu, acima identificado, venho requerer habilitação nos sistemas do comércio exterior da Secretaria da Receita Federal do Brasil (RFB) para atuar conforme indicado no Quadro II em nome do representado identificado no Quadro III no exercício da(s) atividade(s) discriminadas.

Para tanto, **DECLARO** estar ciente de que o acesso ao ambiente informatizado da RFB deve ser sempre motivado pelas necessidades inerentes ao exercício das atividades indicadas, que minhas permissões de acesso são de uso pessoal e intransferível, e que responderei em todas as instâncias pelas consequências decorrentes de ações ou omissões de minha parte que possam pôr em risco ou comprometer a exclusividade do meu acesso ou das funções dos sistemas de comércio exterior nas quais eu for habilitado.

Em

Assinatura do usuário

Aprovado pela Portaria Conjunta Cotec/Coana nº /2017

As informações sobre preenchimento estão disponíveis no portal da RFB ou poderão ser obtidas em atendimento pessoal na repartição da Receita. A legislação ainda traz outras opções de habilitação no Radar, que não são abordadas neste livro.

Comparando as opções de habilitação estudadas, e também com base em minha experiência profissional, apresento a seguir algumas dicas úteis para o planejamento de atuação em comércio exterior.

- Empresas que ainda não têm histórico de operação no Brasil, como aquelas em início de atividade, têm maior dificuldade em conseguir o Radar na submodalidade ilimitada.
- A comprovação da origem dos recursos é fator importante para a habilitação de operação em valores acima do estabelecido na submodalidade limitada.
- No Radar com operação autorizada até US$ 150 mil, faça acompanhamento constante no Siscomex sobre os processos registrados no período de seis meses para evitar que cargas fiquem paradas na alfândega brasileira, aguardando liberação.
- Faça a conferência de todos os documentos instrutivos da habilitação antes de seguir para a Receita Federal do Brasil. Isso evita retrabalho e perda de tempo.
- Faça, sempre que possível e nos prazos estabelecidos pela fiscalização, acompanhamento presencial para saber do andamento do processo de habilitação. Isso ajuda a antecipar o cumprimento de exigências durante a análise documental.
- Verifique na unidade da RFB onde ocorrerá o protocolo do requerimento e quais os procedimentos de atendimento ao público. Algumas unidades atendem por senha, outras por ordem de chegada ou, ainda, por agendamento eletrônico, e, caso a entrada do requerimento não seja feita na jurisdição da empresa requerente, o processo seguirá do local de entrada do Radar para essa jurisdição.
- Verifique a necessidade de levar os documentos em papel ou em arquivo eletrônico. Caso os documentos sejam em papel, certifique-se de que todos são cópias autenticadas e que as assinaturas têm reconhecimento de firma.

- Caso algum documento de instrução do processo não atenda na íntegra ao que manda a legislação, faça uma justificativa por escrito, assinada pelo responsável legal da empresa requerente e com firma reconhecida.
- Informe todos os envolvidos nesse processo: diretoria, empresa de assessoria em comércio exterior, área jurídica e contabilidade.
- Responda sempre às exigências no prazo estabelecido pela fiscalização.
- Faça a opção pelo Domicílio Tributário Eletrônico (DTE) no portal da Receita Federal, na opção e-CAC. Fazendo isso, terá acesso ao andamento do processo e a seus documentos e poderá antecipar-se às solicitações de documentos, exigências e/ou pendências que possam aparecer.

Tomando esses cuidados, a empresa evita perda de tempo e transtornos com clientes e fornecedores, bem como multas, perda de mercadorias e de recursos financeiros.

Resumo

O Radar consiste numa importante etapa de preparação da empresa para o planejamento internacional. Leve em conta que os prazos para obtenção do Radar podem variar e que o tipo de habilitação depende do volume de negócios que uma empresa queira fazer. Uma empresa não deve tomar a decisão de compra antes de seu pedido de habilitação ter sido deferido e, caso seus negócios sejam em volumes maiores do que os estabelecidos na modalidade simplificada de pequena monta, deve-se fazer uma análise cuidadosa e criteriosa dos documentos para habilitação na modalidade ordinária. Em caso de habilitação simplificada de pequena monta, o importador e/ou exportador precisa controlar seu saldo CIF na importação e FOB na exportação para evitar o risco de os produtos ficarem parados nas alfândegas brasileiras.

Os anexos para habilitação e suas instruções de preenchimento devem sempre ser obtidos no portal da RFB, na parte que se refere à legislação para o Radar.

Questões para reflexão

1. Se uma empresa quer obter o Radar, que dados deve levar em conta para escolher a modalidade correta de sua habilitação?

Deve levar em conta sua regularidade no comércio exterior; seu planejamento de compras e vendas internacionais; se toda a documentação exigida, de acordo com a legislação, está em ordem; sua capacidade financeira e a entrega à fiscalização e regularidade empresarial no que diz respeito a documentos contábeis como Dacon, DCTF e DIPJ. Deve, ainda, considerar o histórico de atuação no Brasil em operações de comércio exterior, a existência de capital integralizado e a origem dos recursos financeiros, entre outras coisas.

2. Caso um importador tenha sido habilitado no Radar na submodalidade ilimitada, seu produto de importação estará sujeito a valores previamente estabelecidos pela Receita?

Estará sim, porém o produto não ficará parado na alfândega no momento de desembaraço caso o valor tenha sido ultrapassado, ao contrário do que ocorre no Radar limitado. Além disso, é importante acompanhar o aumento dos negócios de importação e de exportação da empresa para, se necessário, entrar com pedido de revisão de estimativa.

Negociação internacional

Globalização, barreiras e oportunidades de acesso ao comércio internacional

A globalização cria oportunidades ímpares, que podem ser observadas mesmo em tempo de crise. Empresas podem iniciar-se em exportação, em importação ou até mesmo internacionalizar-se, ou, ainda, aumentar sua participação, caso já desenvolvam negócios com o exterior.

Os mercados estão em constante mudança e são cada vez mais dinâmicos. Esse processo de mudanças impõe novas exigências, e o profissional deve estar atento e, principalmente, preocupar-se com o contínuo aperfeiçoamento de seus conhecimentos e habilidades. À medida que uma empresa participa do mercado internacional, suas chances de lucro podem aumentar, mas os riscos e a complexidade de suas operações também aumentam; por isso, avaliar os riscos de uma negociação é estar preparado para responder rapidamente a contratempos que possam surgir durante um processo de importação e exportação. A negociação exige preparo e uma dose de habilidade porque, frequentemente, detalhes podem provocar revisão dos objetivos e alteração na negociação.

Pense que, num processo de negociação, barreiras precisam ser superadas, e nem sempre essas barreiras são algo que conseguimos prever antecipadamente. Lembre-se das barreiras tratadas neste livro, esteja preparado para elas e não ache que as negociações não mudam. Uma empresa que desenvolve um modelo de negócios no qual há uma compra semanal do mesmo produto, embarcado da mesma maneira, por avião, com a mesma companhia aérea, para o mesmo aeroporto de destino, não pode acomodar-se achando que esse modelo de compra não vai mudar e que objetivos e resultados não se alteram, dada a rotina do processo.

Vale observar que, mesmo que essa negociação já esteja desenvolvida, pode ser melhorada. Negociar é algo que visa a atender os interesses do comprador e do vendedor, de modo que ambos se sintam satisfeitos. Por fim, uma venda deve ser pensada de tal maneira que o cliente, comprador, continue comprando e não fique apenas num único negócio. Uma empresa que realizou uma venda e que não recebeu mais pedidos de compra provavelmente descuidou-se de algum detalhe e seu cliente deu preferência a outro concorrente. Tratando-se do mercado global, imagine, por exemplo, o que seria competir com mercados como a China, excelente fornecedora de mão de obra barata e país muito competitivo.

Pensando nisso, quando um processo de compra e venda termina? Cabe aqui a reflexão de que esse processo não deve terminar, ou então ele termina não com a entrega do produto ao cliente, ou ainda com o pós-venda, mas, sim, quando um novo pedido é feito. Isso representará a continuidade do negócio e, se o cliente não fizer um novo pedido, isso provavelmente significará que ele está comprando de outro. Além disso, o mercado global tem fortes concorrentes, como a China, que, como já dissemos, é um extraordinário e competitivo fornecedor de mão de obra. Detalhes podem fazer a diferença.

Se voltarmos ao exemplo anterior da compra semanal, imagine a valorização ou desvalorização do real em relação ao dólar. O que isso pode significar para o resultado desse negócio semanal? Que diferença pode fazer estabelecer uma negociação com a companhia aérea e fechar uma boa tarifa de frete pelo fato de se concentrar um embarque semanal nessa companhia? Percebe-se que, mesmo num processo-padrão, é possível buscar melhores resultados, que se traduzirão em rentabilidade e sustentabilidade do negócio.

No processo de negociação internacional, uma questão bastante importante para quem vai negociar é a frequência com que se negocia. O negociador necessita conhecer todos os atores envolvidos num processo de importação e de exportação. Não basta conhecer apenas o parceiro comercial e suas motivações de compra. Sem dúvida, na negociação será necessário, por exemplo, definir as responsabilidades de quem vende e de quem compra, o que significa conhecer suas próprias habilidades e competências para atuar na logística, sobretudo internacional. Oferecer movimentação de carga, frete internacional, estrutura para armazenar produtos, entre tantas outras etapas necessárias, exige envolver todos os atores no processo. Outros fatores, não menos importantes, como cultura, política e legislação do país parceiro comercial, devem ser levados em conta, como já abordamos no primeiro capítulo.

Se o negociador estabelece uma relação comercial frequentemente, acaba por se favorecer em relação a outros que raramente estão à frente de um processo de negociação. A atuação em negociações frequentes é de elevada importância, pois fornece ao negociador grande experiência de mercado, conhecimento de novas culturas, de novos produtos e adaptação de seus produtos ao mercado internacional. A cada nova negociação, ele vai perceber características exclusivas e novas peculiaridades. Cada negociação tem a sua própria exigência. Não é possível formatar um padrão e usá-lo em todos os negócios, ignorando as muitas variáveis. Lembre-se do exemplo da compra semanal.

Nesse processo há várias questões a ser observadas. Por exemplo, as empresas preocupam-se com preço, forma de pagamento, garantias, assistência técnica, porém é importante considerar o custo-benefício, a posse de todas as informações que possam ter influência sobre o que será negociado, até mesmo para poder medir o risco e avaliar as possíveis vantagens. Observar, por exemplo, a infraestrutura do país de origem ou de destino de um produto. Isso pode nos dar a dimensão de como devemos negociar com aquele país no momento de assumir os riscos e responsabilidades citadas anteriormente.

Pensando sobre o processo de venda, quem não gostaria de receber um produto em casa, sem se preocupar em retirá-lo na casa do vendedor? Vender com valor agregado é vender algo oferecendo vantagens que o comprador percebe e valoriza. Se conseguir isso, terá agregado valor a seu produto e o resultado será uma boa venda, em vez de apenas vender mais. Afinal, num mundo globalizado, no qual o cliente dispõe de opções de compra no mundo inteiro, criar vantagem competitiva é uma tarefa nada fácil, mas necessária para a captação e a manutenção dos negócios. Avalie as opções, explore as possibilidades e defina a estrutura necessária e se há condições de atender a todas as exigências da negociação.

Lembro-me de um episódio em que um vendedor oferecia fretes internacionais, armazenagem de carga e demais facilidades logísticas no momento da prospecção de um cliente sem se preocupar em saber se o que era prometido na venda poderia ser cumprido, uma vez que a empresa de logística era limitada e não tinha toda a estrutura necessária para desenvolver operações. O resultado era a promessa de coisas que operacionalmente a empresa não cumpria. Isso desgastou o nome dela no mercado, e foi preciso rever toda a estrutura à disposição dos clientes prospectados. Essa postura de vendas não alinhadas com as operações influenciou negativamente até os clientes que a empresa já tinha.

O que se pode aprender com isso? Que é necessário conhecer as operações e saber se a empresa está ou não preparada para oferecer um serviço de qualidade, que lhe permita conquistar credibilidade. Portanto, o aprendizado é: mesmo atuando na área comercial, conheça a operação e faça disso um argumento convincente de vendas. Tire vantagem disso, pois muitos profissionais da área comercial, sobretudo no setor de assessoria, desconhecem a operação e, por isso, são falhos em seus argumentos de venda. Saiba o que é preciso para colocar um produto no exterior ou mesmo para importar bens ou serviços.

Numa exportação, por exemplo, é importante adaptar o produto ao mercado externo. Além da qualidade, boa apresentação, seja na embalagem, na identificação do produto ou na atratividade, é o caminho para bons resultados. Essa premissa é válida, também, para o exportador desenvolver embalagens que garantam que o produto chegue ao destino em bom estado. Fatores também importantes são o seguro, as garantias, as coberturas e o que eventualmente não possa ser coberto por uma apólice de seguro. É essencial verificar se as empresas estrangeiras possuem representantes no país e se estes podem oferecer assistência técnica de qualidade e todo o suporte de pós-venda necessário.

A análise de todos esses detalhes colabora na tomada de decisão e influencia o segmento de mercado em que o negociador atua. Imagine, por exemplo, como é negociar as variáveis da venda ao exterior de uma cadeira e de uma turbina para ser instalada numa hidrelétrica. Mudam a rentabilidade e os valores em jogo, mas também os riscos e a operação. A forma de negociar será muito diferente. Comparando esses produtos, podemos determinar a estratégia de venda de forma produtiva, ou seja, tomar as melhores decisões para atender a nossos interesses ou negociar de maneira eficaz, buscando os meios para chegar ao melhor acordo, e não apenas ficar satisfeitos com qualquer resultado.

Dependendo do segmento em que a empresa atue, um dado simples, como local de entrega e coleta de um produto, pode fazer muita diferença. Imagine as responsabilidades de cada uma das partes do processo de negociação no caso da cadeira e da turbina, pensando apenas na coleta. Que estrutura isso demandará? Quem vai arcar com isso? Que necessidades e habilidades serão exigidas de ambas as partes, exportador e importador? E, ainda, sabendo que o negociador representa a empresa exportadora, ela ainda teria de definir muito bem seus parceiros logísticos nessa venda, pois eles seriam importantes na condução da carga até o destino, respeitando as dificuldades na movimentação de cada produto.

Interferências no processo de negociação

Há uma série de observações que devem ser feitas pelo negociador. Entretanto, muitas vezes as tendências pessoais acabam interferindo na negociação. Dicas na hora de negociar.

- aja com a razão. Não permita que a irracionalidade desvie a atenção do objetivo da negociação e mantenha o foco na estratégia;
- explore as oportunidades e não busque ganhar à custa de seu parceiro comercial. Isso pode custar-lhe caro;
- evite o excesso de confiança, que atrapalha a negociação;
- troque de lado, ou seja, coloque-se na posição do seu parceiro comercial e aprenda com isso;
- não tome decisões sem antes ter analisado os dados;
- não se deixe levar pelas aparências de uma apresentação, como dados mostrados durante a apresentação de um negócio. Isso pode ser uma armadilha.

Além de levar em conta essas dicas, conheça a sistemática de exportação e de importação. Saiba como se comporta a aduana de cada país e a do Brasil; conheça os procedimentos para os produtos mais complexos de negociação, como réplicas de armas; produtos dos setores têxtil e farmacêutico; produtos radioativos; produtos que tenham excesso de peso e de dimensões; produtos químicos perigosos, etc.

Lembro-me de um processo ocorrido em 1987, quando uma matéria-prima para fabricação de medicamento, depois de nacionalizada pela alfândega do Brasil, foi transportada até a fábrica num veículo que, no dia anterior, havia transportado pimenta-do-reino. O transporte interno comprometeu a matéria-prima, que foi recusada para o processo produtivo do medicamento.

E aqui refaço a pergunta: o que aprendemos com isso? Nem todos os produtos são compatíveis em termos de transporte e saber separar esses produtos pode fazer a diferença entre o fracasso e o sucesso da produção e comprometer as vendas.

Para correr o menor risco possível, o negociador tem de estar atento ao contexto político e econômico, à burocracia, às questões legais, à legislação e à infraestrutura, etc. Nesse processo, os riscos são, muitas vezes, eventos fora de controle. Há situações em que a empresa consegue prevê-los com base no próprio histórico de suas negociações. Porém há outras em que os riscos são imprevisíveis. Nesse caso, a prevenção é a melhor tática, já que é melhor estar prevenido do que tentar negociar os riscos depois de eles surgirem.

Voltando ao exemplo da venda de uma cadeira e de uma turbina, é coerente dizer que, para vender a turbina, será importantíssimo percorrer o caminho dessa carga desde a origem até o destino final. Isso permitirá observar os obstáculos do percurso e definir tudo o que é necessário para que a venda ocorra. Será que, para vender cadeiras, é também importante realizar previamente o percurso dessa carga? Penso que não.

Reavaliar o histórico de ocorrências pode ser uma boa atitude para evitar os inconvenientes. Analisar o que não deu certo, pontuar os erros numa determinada negociação, avaliar os eventos cujo objetivo tenha sido alcançado. Essas análises vão ajudar muito na prevenção, e aí os riscos terão papel importante, porque mostrarão ao negociador de que forma ele poderá amenizá-los, principalmente os de natureza operacional, que envolvem a importação e a exportação.

Riscos na negociação

Numa breve reflexão sobre os riscos possíveis, podemos pontuar desde a falta de matéria-prima, problemas técnicos, inadimplência, perda de valores pagos antecipadamente e concorrentes, até a infraestrutura logística do país, com toda a questão operacional e o que ela oferece para que uma exportação ou importação ocorra de maneira mais segura. Por meio dos detalhes de uma negociação, as empresas podem identificar oportunidades de negócios, tornam-se conscientes de sua capacidade de negociação e cientes dos pontos em que devem ceder, ou daqueles que devem cobrar. Também têm argumentos para convencer o parceiro da qualidade do produto e as vantagens que podem advir da negociação. De posse de todos esses cuidados, as decisões serão tomadas com maior segurança e tranquilidade, satisfazendo ambas as partes.

Pensando nas várias decisões a serem tomadas durante um processo, é importante destacar que se devem levar em conta a análise de recursos, as competências, o comprador e o vendedor. Após o delineamento dos objetivos, o próximo passo é traçar os caminhos para atingi-los e analisar todas as variáveis envolvidas: fatores como definição de modais a serem utilizados; tipos de produtos a negociar e custos de distribuição física internacional, o que, para ser realizado, demanda a existência de uma estrutura.

Todas essas questões fazem parte daquilo que chamo de "etapas de decisão" para um determinado objetivo. Primeiro, temos a prospecção do negócio, passando para a etapa de análise de recursos, competências e fatores que vão interferir no resultado da negociação; depois, a decisão, a implementação, o desenvolvimento do negócio e, por fim, a avaliação dos resultados para verificar se o planejamento foi concretizado.

Como vimos, há um grande processo até que a negociação chegue a bom termo: conhecimento do negociador; atenção às características da negociação; análise dos produtos a serem negociados; avaliação dos pontos fortes e fracos; análise de possíveis riscos e de como evitá-los; identificação de oportunidades; tomada de decisões e, por fim, incremento e avaliação dos resultados. Nessa sistemática, a negociação vai ser uma busca de novas oportunidades de mercado e de negócios. A partir daí, é possível estabelecer negociação com esses novos mercados e identificar novos modelos de negócios. Essas oportunidades irão contribuir para que a empresa não se limite somente à produção. Ela irá participar do mercado nacional e internacional, ampliando suas oportunidades de participação e aumentando sua competitividade.

Uma vez definidos todos os detalhes da negociação, suas características e todas as questões abordadas até agora, é fundamental que a empresa elabore seus contratos de compra e venda observando as abordagens de ordem legal entre os países e, para isso, é necessário conhecer os procedimentos jurídicos. Para que isso? Para que ela possa buscar um senso comum na negociação. Atualmente, grande parte dos negócios é definida por meio da análise de uma fatura pró-forma que representa, de alguma maneira, um contrato entre vendedor e comprador, já que esse documento traz todos os dados daquilo que foi negociado. Mas é sempre bom e importante observar em um contrato mais elaborado toda e qualquer questão mais delicada de uma negociação. A falta de um contrato por vezes só é sentida no momento de debater sobre prejuízos.

Certa vez, uma empresa brasileira empenhou-se em seu processo de atuação global e contratou um profissional de mercado para desenvolver vendas no exterior. Foi um investimento de três anos que rendeu uma venda de seus produtos para a América Latina. Nessa venda, a empresa recebeu por e-mail um pedido de compra, fruto do resultado do trabalho do profissional que havia sido contratado.

Ocorre que a venda era de um contêiner de vinte pés e o exportador brasileiro tomou a decisão de fazer ele mesmo a estufagem do contêiner, em sua fábrica. Como ele não tinha experiência, achou que colocar os produtos dentro do contêiner, protegendo-os com plástico bolha e papelão seria suficiente para garantir a segurança da carga até o destino final. Sem a amarração adequada da carga, os produtos sofreram avarias e chegaram quebrados ao porto de destino, o que gerou mal-estar entre o vendedor brasileiro e o comprador.

O que podemos tirar de lição de tudo isso? O que você poderia levar dessa experiência?

Vejamos os principais pontos:

- não havia contrato, o que dificultou as discussões;
- o exportador brasileiro jogou fora anos de investimento;
- o cliente não comprou mais;
- foi preciso negociar os prejuízos, o que não é fácil;
- o exportador brasileiro achou que comércio exterior não era para ele e desistiu de atuar nesse mercado. O que foi uma pena, pois os produtos têm apelo e são bem aceitos lá fora;
- é necessário preparar-se técnica e operacionalmente para a venda, o que não aconteceu nesse caso.

Responsabilidades do exportador e do importador

Saber quais as responsabilidades de cada um num processo de exportação e de importação facilita a vida de quem negocia em mercado global. Em relação às responsabilidades, ao longo de minha experiência em comércio exterior, observei dois pontos fortes num processo de negociação, que gostaria de destacar. Um deles são as modalidades de compra e venda, os Termos de Negociação Internacional (Incoterms). Eles estão fundamentados em três pilares:

1. As responsabilidades do vendedor e do comprador. Por meio dos Incoterms definimos as responsabilidades das partes que estão negociando, e cada uma toma conhecimento dos seus deveres no processo de compra e venda do produto.
2. O momento em que o vendedor transfere a responsabilidade da operação para o comprador. O Incoterm irá delimitar com exatidão esse momento.
3. Preço. O valor do produto sofrerá influência proporcional às responsabilidades assumidas pelo vendedor. Portanto, destacamos que o fato de o vendedor assumir os riscos da operação poderá contribuir para aumentar sua margem de lucro, uma vez que ele tem o controle das várias etapas negociais. É importante avaliar muito bem o custo-benefício dessa atitude.

Outro ponto importante são as modalidades de pagamento, ou seja, de que maneira podemos pagar produtos adquiridos no exterior ou de que forma vamos receber o pagamento de produtos que vendemos para outros países. As empresas devem explorar as modalidades de pagamento da mesma forma, avaliando os riscos que cada uma delas pode trazer e a competência para desenvolver o processo de negociação nesta modalidade de pagamento para, então, diminuir o risco financeiro.

Vamos explorar um pouco mais os Incoterms, que passaram por revisão no fim de 2010 e orientam, em grande parte, as responsabilidades do vendedor e do comprador na negociação. A Câmara de Comércio Internacional (CCI), em inglês, International Chamber of Commerce (ICC), tem publicado os Incoterms, o que facilita o entendimento de questões importantes num processo de negociação. Em sua última versão, os Incoterms foram estruturados em dois grupos.

As considerações a seguir são baseadas no portal da RFB.

O objetivo principal dos Incoterms é dar resposta precisa a algumas questões que se levantam em comércio internacional, tais como:

- Quem ordena e paga o transporte de mercadorias de um ponto a outro?
- Quem suporta os riscos no caso de a operação não poder ser efetuada?
- Quem suporta os riscos de perdas e danos provocados na mercadoria durante o transporte?

Num contrato de compra e venda internacional, os Incoterms definem com clareza o local de mudança de propriedade das mercadorias transacionadas, os riscos e as responsabilidades do vendedor e do comprador.

Os primeiros Incoterms foram publicados pela CCI em 1936 e visavam a estabelecer uma série de regras internacionais de interpretação dos termos comerciais mais utilizados em comércio exterior. Posteriormente, foram modificados, dado o recurso crescente a novos sistemas de comunicação de dados. A última modificação foi publicada em 2010 – Incoterms 2010.

Tradicionalmente, a CCI realiza uma revisão dos Incoterms a cada dez anos, com o objetivo de promover ajustes necessários decorrentes do avanço tecnológico, das novas estruturas logísticas que surgem, do processo de globalização, do avanço do comércio internacional no mundo, entre outros dados. Dessa forma, a CCI cumpre seu objetivo de sempre ter termos de negociação baseados em critérios atuais e que, de fato, facilitam as negociações internacionais.

Em sua última publicação, a CCI propôs algumas mudanças, excluindo alguns termos e criando outros que pudessem dar maior clareza sobre as regras e responsabilidades num processo de negociação. Por esse motivo, dos treze termos da versão 2000, apenas onze foram contemplados nos Incoterms 2010.

A seguir, mudanças introduzidas pelos Incoterms 2010, tendo-se como fontes os portais da RFB e do MDIC.

Informações Incoterms 2010

Tendo em vista a publicação dos Incoterms 2010 pela Câmara de Comércio Internacional, destacam-se as seguintes mudanças:

1. Implementação dos novos termos DAT e DAP

DAT

DELIVERED AT TERMINAL (named terminal at port or place of destination)

ENTREGUE NO TERMINAL (terminal nomeado no porto ou local de destino)

O vendedor completa suas obrigações e encerra sua responsabilidade quando a mercadoria é colocada à disposição do comprador, na data ou no período acordado, num terminal de destino nomeado (cais, terminal de contêineres ou armazém, entre outros), descarregada do veículo transportador, mas não desembaraçada para importação.

DAP

DELIVERED AT PLACE (named place of destination)

ENTREGUE NO LOCAL (local de destino nomeado)

O vendedor completa suas obrigações e encerra sua responsabilidade quando coloca a mercadoria à disposição do comprador, na data ou no período acordado, num local de destino indicado que não seja um terminal, pronta para ser descarregada do veículo transportador e não desembaraçada para importação.

2. Características

DAT (Delivered at Terminal)

- Pode ser utilizado em qualquer modal.
- Os valores de frete e seguro internacionais compõem o valor comercializado da mercadoria.
- Poderão ser informados como deduções ao valor aduaneiro, desde que destacados na fatura comercial os seguintes encargos ou custos incluídos no valor comercializado da mercadoria:

- frete e seguro internos no país de importação;
- carga, descarga e manuseio no país de importação;
- juros de financiamento; e
- gastos com construção, instalação e montagem.

- Deverá ser acrescentado ao valor aduaneiro o valor dos seguintes bens e serviços fornecidos, quando não incluído no valor comercializado da mercadoria:
  - comissões e corretagem, excetuadas as comissões de compra;
  - custo de embalagens e recipientes considerados, para fins aduaneiros, integrados à mercadoria;
  - custos da operação de embalagem, compreendidos os gastos com mão de obra e materiais;
  - materiais e componentes, partes e elementos semelhantes incorporados à mercadoria;
  - ferramenta, matrizes e moldes utilizados na produção da mercadoria;
  - materiais consumidos na produção;
  - projetos de engenharia, pesquisa e desenvolvimento, trabalhos de arte e de *design*, planos e esboços, realizados no exterior;
  - *royalties* e direitos de licença relacionados com a mercadoria; e
  - valor de qualquer parcela do resultado de qualquer revenda, cessão ou utilização subsequente da mercadoria importada, que seja revertido ao vendedor.

DAP (Delivered at Place)

- Pode ser utilizado em qualquer modal.
- Os valores de frete e seguro internacionais compõem o valor comercializado da mercadoria.
- Poderão ser informados como deduções ao valor aduaneiro, desde que destacados na fatura comercial, os seguintes encargos ou custos incluídos no valor comercializado da mercadoria:
  - frete e seguro internos no país de importação;
  - juros de financiamento;
  - gastos com construção, instalação e montagem.

- Deverá ser acrescentado ao valor aduaneiro o valor dos seguintes bens e serviços fornecidos, quando não incluído no valor comercializado da mercadoria:
  - comissões e corretagem, excetuadas as comissões de compra;
  - custo de embalagens e recipientes considerados, para fins aduaneiros, integrados à mercadoria;
  - custos da operação de embalagem, compreendidos os gastos com mão de obra e materiais;
  - materiais e componentes, partes e elementos semelhantes incorporados à mercadoria;
  - ferramenta, matrizes e moldes utilizados na produção da mercadoria;
  - materiais consumidos na produção;
  - projetos de engenharia, pesquisa e desenvolvimento, trabalhos de arte e de *design*, planos e esboços, realizados no exterior;
  - *royalties* e direitos de licença relacionados com a mercadoria;
  - valor de qualquer parcela do resultado de qualquer revenda, cessão ou utilização subsequente da mercadoria importada, que seja revertido ao vendedor;
  - carga, descarga e manuseio na entrada do país de importação.

3. Implementação das seguintes condições de venda, não disciplinadas pela ICC

C + F

- Pode ser utilizado em qualquer modal.
- O valor do frete compõe o valor comercializado da mercadoria, porém o seguro é adicionado ao valor da mercadoria na condição de venda (VMCV) para compor o valor aduaneiro.
- Poderão ser informados como deduções ao valor aduaneiro, desde que destacados na fatura comercial, os seguintes encargos ou custos incluídos no valor comercializado da mercadoria:

- juros de financiamento;
- gastos com construção, instalação e montagem.

- Deverá ser acrescentado ao valor aduaneiro o valor dos seguintes bens e serviços fornecidos, quando não incluído no valor comercializado da mercadoria:
  - comissões e corretagem, excetuadas as comissões de compra;
  - custo de embalagens e recipientes considerados, para fins aduaneiros, integrados à mercadoria;
  - custos da operação de embalagem, compreendidos os gastos com mão de obra e materiais;
  - materiais e componentes, partes e elementos semelhantes incorporados à mercadoria;
  - ferramenta, matrizes e moldes utilizados na produção da mercadoria;
  - materiais consumidos na produção;
  - projetos de engenharia, pesquisa e desenvolvimento, trabalhos de arte e de *design*, planos e esboços, realizados no exterior;
  - *royalties* e direitos de licença relacionados com a mercadoria;
  - valor de qualquer parcela do resultado de qualquer revenda, cessão ou utilização subsequente da mercadoria importada, que seja revertido ao vendedor;
  - carga, descarga e manuseio na entrada do país de importação.

C + I

- Pode ser utilizado em qualquer modal.
- O valor do seguro compõe o valor comercializado da mercadoria, porém o frete é adicionado ao valor da mercadoria na condição de venda (VMCV) para compor o valor aduaneiro.
- Poderão ser informados como deduções ao valor aduaneiro, desde que destacados na fatura comercial, os seguintes encargos ou custos incluídos no valor comercializado da mercadoria:

- juros de financiamento;
- gastos com construção, instalação e montagem.

- Deverá ser acrescentado ao valor aduaneiro o valor dos seguintes bens e serviços fornecidos, quando não incluído no valor comercializado da mercadoria:
  - comissões e corretagem, excetuadas as comissões de compra;
  - custo de embalagens e recipientes considerados, para fins aduaneiros, integrados à mercadoria;
  - custos da operação de embalagem, compreendidos os gastos com mão de obra e materiais;
  - materiais e componentes, partes e elementos semelhantes incorporados à mercadoria;
  - ferramenta, matrizes e moldes utilizados na produção da mercadoria;
  - materiais consumidos na produção;
  - projetos de engenharia, pesquisa e desenvolvimento, trabalhos de arte e de *design*, planos e esboços, realizados no exterior;
  - *royalties* e direitos de licença relacionados com a mercadoria;
  - valor de qualquer parcela do resultado de qualquer revenda, cessão ou utilização subsequente da mercadoria importada, que seja revertido ao vendedor;
  - carga, descarga e manuseio na entrada do país de importação.

1. Grupos de condições de venda implementados

As condições de venda implementadas estão classificadas em dois grupos distintos:

Grupo 1 - EXW, FCA, FAZ, FOB, CFR, CPT e C+F;

Grupo 2 - CIF, CIP, DAF, DES, DDU, DAT, DAP e C+I.

Tabela de Incoterms:

Códigos excluídos:

DAF - Delivered at Frontier;

DES - Delivered Ex Ship;

DDU - Delivered Duty Unpaid

Códigos incluídos:

DAT - Delivered at Terminal

DAP - Delivered at Place

C+F - Cost plus Freight

C+I - Cost plus Insurance

Fonte: Receita Federal do Brasil, 2012.

A seguir, a Resolução Camex nº 21/2011, que dispõe sobre os Incoterms.

RESOLUÇÃO Nº 21, DE 7 DE ABRIL DE 2011

O presidente do Conselho de Ministros da Câmara de Comércio Exterior, no uso da atribuição que lhe confere o § 3º do art. 5º do Decreto nº 4.732, de 10 de junho de 2003, com fundamento na alínea "a" do inciso III e no inciso VII do art. 2º do mesmo diploma legal, resolve, *ad referendum* do Conselho:

Art. 1º Nas exportações e importações brasileiras serão aceitas quaisquer condições de venda praticadas no comércio internacional, desde que compatíveis com o ordenamento jurídico nacional.

Art. 2º Para fins de identificação da condição de venda praticada, nos documentos e registros de controle dos órgãos da Administração Federal, deverão ser adotados os seguintes códigos:

I - Termos Internacionais de Comércio (Incoterms) discriminados pela International Chamber of Commerce (ICC) em sua Publicação nº 715E, de 2010:

CÓDIGO DESCRIÇÃO

EXW - EX Works (named place of delivery)

NA ORIGEM (local de entrega nomeado)

O vendedor limita-se a colocar a mercadoria à disposição do comprador no seu domicílio, no prazo estabelecido, não se responsabilizando pelo desembaraço para exportação nem pelo carregamento da mercadoria em qualquer veículo coletor. Utilizável em qualquer modalidade de transporte.

Nota: em virtude de o comprador estrangeiro não dispor de condições legais para providenciar o desembaraço para saída de bens do país, fica subentendido que essa providência é adotada pelo vendedor, sob suas expensas e riscos, no caso da exportação brasileira.

FCA - FREE CARRIER (named place of delivery)

LIVRE NO TRANSPORTADOR (local de entrega nomeado)

O vendedor completa suas obrigações e encerra sua responsabilidade quando entrega a mercadoria, desembaraçada para a exportação, ao transportador ou a outra pessoa indicada pelo comprador, no local nomeado do país de origem.

Utilizável em qualquer modalidade de transporte.

FAS - FREE ALONGSIDE SHIP (named port of shipment)

LIVRE AO LADO DO NAVIO (porto de embarque nomeado)

O vendedor encerra suas obrigações no momento em que a mercadoria é colocada, desembaraçada para a exportação, ao longo do costado do navio transportador indicado pelo comprador, no cais ou em embarcações utilizadas para carregamento da mercadoria, no porto de embarque nomeado pelo comprador.

Utilizável exclusivamente no transporte aquaviário (marítimo ou hidroviário interior).

FOB - FREE ON BOARD (named port of shipment)

LIVRE A BORDO (porto de embarque nomeado)

O vendedor encerra suas obrigações e responsabilidades quando a mercadoria, desembaraçada para a exportação, é entregue, arrumada, a bordo do navio no porto de embarque, ambos indicados pelo comprador, na data ou no período acordado.

Utilizável exclusivamente no transporte aquaviário (marítimo ou hidroviário interior).

CFR - COST AND FREIGHT (named port of destination)

CUSTO E FRETE (porto de destino nomeado)

Além de arcar com obrigações e riscos previstos para o termo FOB, o vendedor contrata e paga frete e custos necessários para levar a mercadoria até o porto de destino combinado.

Utilizável exclusivamente no transporte aquaviário (marítimo ou hidroviário interior).

CIF - COST, INSURANCE AND FREIGHT (named port of destination)

CUSTO, SEGURO E FRETE (porto de destino nomeado)

Além de arcar com obrigações e riscos previstos para o termo FOB, o vendedor contrata e paga frete, custos e seguro relativos ao transporte da mercadoria até o porto de destino combinado.

Utilizável exclusivamente no transporte aquaviário (marítimo ou hidroviário interior).

CPT - CARRIAGE PAID TO (named place of destination)

TRANSPORTE PAGO ATÉ (local de destino nomeado)

Além de arcar com obrigações e riscos previstos para o termo FCA, o vendedor contrata e paga frete e custos necessários para levar a mercadoria até o local de destino combinado.

Utilizável em qualquer modalidade de transporte.

CIP - CARRIAGE AND INSURANCE PAID TO (named place of destination)

TRANSPORTE E SEGURO PAGOS ATÉ (local de destino nomeado)

Além de arcar com obrigações e riscos previstos para o termo FCA, o vendedor contrata e paga frete, custos e seguro relativos ao transporte da mercadoria até o local de destino combinado.

Utilizável em qualquer modalidade de transporte.

DAT - DELIVERED AT TERMINAL (named terminal at port or place of destination)

ENTREGUE NO TERMINAL (terminal nomeado no porto ou local de destino)

O vendedor completa suas obrigações e encerra sua responsabilidade quando a mercadoria é colocada à disposição do comprador, na data ou no período acordado, num terminal de destino nomeado (cais, terminal de contêineres ou armazém, entre outros), descarregada do veículo transportador, mas não desembaraçada para importação.

Utilizável em qualquer modalidade de transporte.

DAP - DELIVERED AT PLACE (named place of destination)

ENTREGUE NO LOCAL (local de destino nomeado)

O vendedor completa suas obrigações e encerra sua responsabilidade quando coloca a mercadoria à disposição do comprador, na data ou no período acordado, num local de destino indicado que não seja um terminal, pronta para ser descarregada do veículo transportador e não desembaraçada para importação.

Utilizável em qualquer modalidade de transporte.

DDP - DELIVERED DUTY PAID (named place of destination)

ENTREGUE COM DIREITOS PAGOS (local de destino nomeado)

O vendedor completa suas obrigações e encerra sua responsabilidade quando a mercadoria é colocada à disposição do comprador, na data ou no período acordado, no local de destino designado no país importador, não descarregada do meio de transporte. O vendedor, além do desembaraço, assume todos os riscos e custos, inclusive impostos, taxas e outros encargos incidentes na importação.

Utilizável em qualquer modalidade de transporte.

Nota: em virtude de o vendedor estrangeiro não dispor de condições legais para providenciar o desembaraço para entrada de bens do país, este termo não pode ser utilizado na importação brasileira, devendo ser escolhido o DAT ou DAP no caso de preferência por condição disciplinada pela ICC.

II - Condições de venda não disciplinadas pela Publicação nº 715E, de 2010, da ICC:

CÓDIGO DESCRIÇÃO

C + F - COST PLUS FREIGHT

CUSTO MAIS FRETE

O vendedor arca com os custos e riscos das tarefas no país de exportação, bem como contrata e paga o transporte internacional convencional.

Utilizável em qualquer modalidade de transporte.

C + I - COST PLUS INSURANCE

CUSTO MAIS SEGURO

O vendedor arca com os custos e riscos das tarefas no país de exportação, bem como contrata e paga o seguro de transporte internacional convencional.

Utilizável em qualquer modalidade de transporte.

OCV - OUTRA CONDIÇÃO DE VENDA

Utilizável em operação que não se enquadre em qualquer das situações descritas nesta Resolução.

Parágrafo único. As descrições contidas neste artigo não têm o objetivo de disciplinar as condições de venda acordadas entre as partes nas exportações e importações nem substituem ou alteram as regras definidas para os Incoterms pela ICC em sua Publicação nº 715E, de 2010.

Art. 3º A utilização das condições de venda previstas nesta Resolução não modifica as responsabilidades legais das pessoas envolvidas nas operações de exportação e de importação perante as autoridades administrativas.

Disponível em: http://www.mdic.gov.br. Acesso em: 20-4-2013.

Agora que os termos de negociação foram estudados, basta apenas isso para as negociações? É claro que não. Tenha em mente que os resultados esperados de uma venda ou compra vão muito além dos Incoterms. É preciso saber os detalhes, principalmente do segmento de atuação. O que diferencia seu negócio do negócio da concorrência? Qual o tratamento administrativo aplicado aos produtos que vai negociar? Que barreiras são previstas na compra ou venda? Como estabelecer o preço ideal de venda? Como calcular os custos de uma importação? Que benefícios tributários uma compra ou venda pode ter? É possível usar acordos comerciais com o Mercosul, Aladi, entre outros?

Essas, entre tantas outras perguntas, precisam de respostas. Só assim você terá atingido os objetivos da negociação. Mas não se esqueça de que a negociação é um jogo de estratégias que precisa atender aos interesses dos dois lados. Saiba tirar vantagem disso, jogue de maneira limpa e tenha objetividade e respeito por seu parceiro comercial, estratégias bem definidas, planejamento, cartas na manga; argumentos convincentes, consciência de que nem sempre se ganha.

Resumo

Neste capítulo, conhecemos algumas variáveis da negociação e como o entendimento sobre a operação pode ser um forte argumento de venda. Você conheceu os termos de negociação e sua importância em relação às responsabilidades do exportador e do importador. Também viu a importância de analisar as várias informações sobre mercado, barreiras a serem superadas, política, dados econômicos e culturais, entre outros, para conseguir uma boa negociação.

Explorar o potencial exportador para a venda e trabalhar em conjunto com o parceiro comercial, além de estabelecer parcerias comprometidas com o resultado, são essenciais na construção do argumento de venda. Você também viu os detalhes inerentes ao desenvolvimento de um negócio e quanto eles podem influenciar as estratégias de venda, com o objetivo de oferecer alternativas viáveis na exportação e na importação.

Esteja preparado para negociar. Reúna argumentos, disponha de dados estatísticos, saiba como as operações de exportação e de importação se desenvolvem, coloque-se no lugar de seu parceiro, trace um planejamento e negocie tendo como base os objetivos da empresa e os resultados esperados.

Questões para reflexão

1. Como obter vantagem competitiva na escolha do Incoterm?

Se uma venda é realizada sem valor agregado, pode ser que o exportador não tenha margem para melhorar o preço de seus produtos se pressionado pelo mercado global. Portanto, oferecer uma condição de venda em que o exportador assuma, por exemplo, frete e seguro internacional ajuda na construção do preço de venda e na manutenção de seus negócios perante a concorrência.

2. No mercado de varejo, percebemos que muitas são as facilidades colocadas à disposição dos clientes. Essas facilidades acabam atraindo o consumidor, que nem sempre frequenta determinada loja de varejo pelo preço dos produtos, mas, sim, pela proximidade de sua casa, pelo atendimento, pelas facilidades à disposição. Por exemplo, nos dias de hoje é possível encontrar lavagem de carro, troca de pneus e eletrodomésticos em um hipermercado. Isso atrai o consumidor. Que analogia é possível fazer em relação à negociação abordada neste capítulo?

É preciso atrair o cliente e, no comércio exterior, as facilidades logísticas à disposição dos clientes podem fazer a diferença. A estrutura disponível gera possibilidade de ganhos. Esteja sempre à frente do mercado e seja competitivo, explorando tudo o que puder para facilitar a vida de um cliente ou fornecedor que queira fazer negócio com você.

Exportação

Por que exportar?

Se lhe fizessem esta pergunta: "Qual a vantagem para a empresa que exporta seus produtos?", provavelmente uma das primeiras coisas que viria a sua mente seria a lucratividade. Mas será somente esse o ganho gerado pelo processo de exportação, capaz de levar uma empresa a atuar no comércio exterior?

Além do lucro, o exportador obtém outras vantagens quando exporta. Nos capítulos anteriores você já teve a oportunidade de ler sobre as diferenças entre o mercado doméstico e o internacional, já foi apresentado às barreiras ao comércio internacional e também já leu sobre a negociação. Pois bem, se juntarmos todos esses "ingredientes", podemos perceber que uma empresa, quando exporta, colhe muitos frutos:

- diminui a ociosidade na produção;
- melhora a qualidade de seus produtos;
- melhora sua capacidade técnica;
- prepara seus colaboradores para a exportação;
- insere sua marca e seu nome no exterior;
- expande seus negócios; e, entre outras coisas,
- aumenta seus lucros.

Diante de um mercado concorrido como o global, essas vantagens acabam por ser percebidas porque a empresa se prepara para a exportação, o que significa dizer que a exportação conduzirá a uma negociação em que barreiras e dificuldades precisarão ser superadas, e as diferenças entre o mercado doméstico e o externo serão entendidas. É certo que deixar de participar somente do mercado doméstico e passar a atuar também no mercado global é um ótimo negócio. Mas, pense um pouco: se exportar é um bom negócio, por que nem todas as empresas tiram vantagem disso e exportam? O que será que acontece?

Na era do homem primitivo, a natureza era responsável por fornecer todos os recursos para os humanos e, com o passar do tempo, o homem descobriu a troca de bens e passou a trocar produtos praticando o chamado escambo. Não é difícil imaginar as dificuldades dessa época e quanto a falta de infraestrutura prejudicava essa prática de troca.

Com a evolução do comércio e a globalização, essas relações de troca evoluíram, e atender às necessidades dos países no mundo é uma prática necessária, uma vez que ninguém é autossuficiente. Porém, à medida que as práticas comerciais se expandiram, ficou mais complicado negociar. Interesses em jogo, barreiras ao comércio internacional, economias mais poderosas em relação a outras, necessidade de legislação e padrões internacionais para as regras e as práticas de compra e venda de bens, influências culturais, entre tantas coisas, acabam por determinar as competências básicas para a atuação no mercado internacional. Diante disso, não é difícil encontrar empresas que não se planejam e, por consequência, não se preparam para a exportação. Daí a dificuldade em obterem os resultados esperados e, quando um negócio não vai bem, a empresa pode achar que exportação não é para ela. Um bom planejamento pode manter a exportação no rumo certo e permitir que a empresa diversifique sua pauta de exportação.

Do lado do país, a exportação tem como função essencial equilibrar as contas exportação *versus* importação, a balança comercial, e é por meio das exportações que os países adquirem, por exemplo, recursos para suas importações. Nesse aspecto, o Brasil tem evoluído nos últimos anos, mantendo balança superavitária. Esse dado você pode acompanhar no portal do MDIC, nas estatísticas do comércio exterior brasileiro.

À medida que uma empresa obtém recursos por meio da exportação, seu envolvimento no cenário internacional tende a aumentar. Pela experiência de tantos anos nessa área, percebo que, nesse momento, um detalhe importante na conquista de novos negócios e clientes é perceber as necessidades desses clientes. Estar perto deles permite conhecê-los melhor, bem como suas expectativas sobre a compra. Dessa forma, a exportação evolui e, se a empresa tiver bom planejamento, a resposta à pergunta feita no início deste capítulo será evidente.

A seguir, abordaremos alguns detalhes da exportação brasileira.

Documentos operacionais e comerciais

Ao preparar uma mercadoria para exportação, não se deve pensar apenas no produto vendido e no resultado financeiro. Para que os objetivos sejam alcançados, o exportador precisa preparar tudo o que é necessário para que o produto deixe o Brasil e siga até o cliente no exterior. Os documentos para exportação são diferentes dos documentos que envolvem a venda de um produto no mercado interno. Para correta orientação sobre os documentos, o exportador pode recorrer ao Regulamento Aduaneiro, ao Decreto nº 6.759/2009, à Portaria Secex nº 23, ao regulamento do ICMS de seu estado e a outras legislações sobre o assunto.

A seguir, você vai conhecer alguns documentos, suas características e destinos.

Registro de Exportação (RE): dados gerais da negociação

Ao definir a negociação, o exportador estará definindo os dados de natureza fiscal, cambial, comercial e financeira da exportação. Todas essas informações são processadas no Novoex, que vai dar o número desse registro e, assim, o exportador terá seu RE. Portanto, o RE representa todas as informações sobre o produto a ser exportado e os dados da negociação realizada. Fazendo uma analogia com a importação, o RE representa uma licença para a exportação e dá início à intenção da venda. O exportador negocia a venda e, quando esta é fechada, prepara a mercadoria a ser exportada, bem como os documentos que vão instruir o desembaraço aduaneiro na alfândega brasileira. Esses documentos são copiados e enviados ao responsável pela emissão do RE, que lança os dados desses documentos no Novoex, gerando o RE. Depois de registrado, o Novoex gera o número do RE.

A seguir, o sistema solicita a inclusão do Registro de Exportação – RE / Parâmetros para inclusão, e para essa ação o responsável pelo RE necessita das seguintes informações:

- CNPJ do exportador, se pretende:
  - criar um novo RE;
  - usar um RE já existente;
  - usar um RE a partir de um arquivo;
  - criar a adição de um RE.

Caso a opção seja o item b ou c, o sistema solicitará o número do RE a ser copiado ou que está arquivado. Sugere-se um cuidado especial quando se for elaborar um RE a partir de um já existente, a fim de se evitarem informações registradas erradas.

Depois de preenchidas essas informações, o responsável pelo registro deve incluir o Registro de Exportação. A seguir, o sistema abrirá a tela Registro de Exportação – Inclusão. Nessa tela, o responsável pelo RE deverá ter as seguintes informações:

- dados comerciais do exportador;
- detalhes do enquadramento;
- dados gerais do processo;
- dados do CCPTC/CCROM;
- dados do fabricante.

Os dados comerciais do exportador são as informações como gerente ou responsável pela exportação, telefone para contato, endereço de e-mail e home page. Os dados do enquadramento são as informações, ou seja, se o Registro de Exportação refere-se a uma exportação normal, uma operação em Regime Especial de *Drawback*, etc. Nessa opção, ainda são solicitadas informações sobre o número do Registro de Crédito e Registro de Venda, caso a operação se enquadre nessas situações. O conhecimento técnico é importante para o registro dessas informações.

Fatura comercial

A fatura comercial é emitida pelo exportador e é um documento de orientação do desembaraço aduaneiro na exportação. Nela estão as informações sobre a operação de venda: indicação do exportador (nome e endereço, contato, CNPJ e telefone), indicação do importador (nome e endereço, contato e telefone), descrição do(s) produtos(s), peso líquido e bruto, quantidade comercializada, preço unitário e total, Incoterm negociado, dados bancários para pagamento e classificação fiscal da mercadoria.

Na fatura, mencionar todas as características do produto a ser exportado: número de referência, modelo e ano, além de qualquer outra informação que seja útil na identificação do produto no momento da conferência aduaneira.

Lembro-me de um processo de exportação de partes e peças para veículos automotores. Na ocasião do desembaraço aduaneiro, não havia a identificação de referências nas peças, e essa identificação constava na fatura comercial. No momento da conferência física das peças, por solicitação da fiscalização, foi necessário colocar etiquetas de identificação com as referências em todas as peças. Eram mais de mil peças.

A seguir, um modelo de fatura de exportação:

Importador – consignee

Endereço completo

Contato

Telefone

Exportador – shipper

Endereço completo

Fone

Fax

CTC

Invoice number

"111111111"

Ordem de compra nº	Data	Moeda
Purchase order number	Date	Currency
xxx/2012	xx/xx/xxxx	US$

Description			Quantity	Un.	Unit price	Total	Delivery week
Descrição			Quantidade		Custo unitário		
Produto A			1.000	un.	0,00548	5,48	week
Produto B			388	un.	1,78560	692,81	01/2013
Dados bancários							
NCM						Total	698,29

Condições de pagamento / Payment terms:	At sight
Incoterm 2010	FOB Santos - São Paulo
Shipping agent	Comex Online Assessoria - Tel.: 11 2532.1108 | 11 2203.0964 | comexonline@comexonline.com.br
Insurance	Customer
Fabricante	Caso o fabricante seja diferente do exportador
Nome/cargo e assinatura do exportador	______________________

A fatura comercial pode ser emitida em inglês, e seus dados são lançados no Novoex para confecção do RE.

Lista de embalagens (*packing list*)

Nesse documento, também providenciado pelo exportador, são inseridos os dados dos volumes e das embalagens, seus pesos e suas medidas. Também podem constar outras informações importantes com alguma outra característica do(s) volumes(s). A *packing list*, também conhecida como romaneio de embarque, é outro documento de orientação e instrução do desembaraço aduaneiro na exportação.

O romaneio de embarque ajuda na conferência física dos produtos de exportação porque, por meio dele, a autoridade aduaneira promove a conferência física dos volumes e dos produtos que ele contém.

A seguir, um modelo de *packing list* / romaneio de embarque.

PACKING LIST **number / 2012**

1 - Exportador:	2 - Date of Direct Shipment to Canada:
3 - Importador | Consignee:	4 - Notify:
5 - Transportation:	6 - Country of Origin of Goods:

ITEM		QUANTITY	NET WEIGHT	GROSS WEIGHT
01	02 boxes 60 cm x 40 cm x 35 cm	02	65,500	70,100
02	01 box 45 cm x 20 cm x 35 cm	01	108,00	112,00

	03 boxes containing:			
	Products ABC			
	Marks and number: BRAZIL SANTOS 01/03			
		Total Weight		
		Net kg	Gross kg	
		173,500 kg	182,100	
Exporter:	Name:			

Conhecimento de embarque

Esse documento, emitido pelo agente embarcador, traz os dados do transporte, ou seja, é o contrato de transporte internacional da carga a ser exportada. O conhecimento de embarque, a exemplo dos anteriores, também é um documento de instrução do desembaraço aduaneiro na exportação. Esse documento tem algumas denominações, dependendo do meio de transporte contratado: *bill of lading* (B/L), aplicado ao transporte marítimo; *airway bill* (AWB), aplicado ao transporte aéreo; conhecimento de transporte rodoviário (CTR), aplicado ao transporte rodoviário.

Há outros tipos de conhecimento, mas o objetivo aqui é que se saiba o conhecimento de embarque e sua importância para a realização do transporte.

Ao fechar e contratar um transporte de carga, o exportador fornecerá cópia da fatura comercial e da *packing list* ao transportador contratado, para que seja emitido o conhecimento de embarque.

O exportador deve sempre fazer uma checagem dos documentos e validá-los, juntamente com as áreas envolvidas no processo de exportação, para evitar transtornos e problemas operacionais causados por erro de documentos. Na maioria das vezes, os documentos errados travam o processo de exportação, fazendo com que o tempo de atendimento de um pedido seja comprometido, sem contar o fato de que o exportador pode estar sujeito a penalidades.

Certificado de origem

Documento necessário em algumas exportações, como exportação de produtos amparados pelo acordo Mercosul e exportação de produtos amparados pelo acordo Aladi, a pedido do importador.

O certificado de origem tem por finalidade atestar a origem do produto exportado. Emitido pelo exportador, será enviado ao importador, juntamente com a carga e demais documentos da exportação. É um documento importante e, por exemplo, no Mercosul, possibilita ao importador beneficiar-se do não recolhimento do imposto de importação.

Certa vez, uma empresa fez uma exportação para a Argentina no modal rodoviário e, por descontrole do exportador, a emissão do certificado de origem do Mercosul foi solicitada quando o veículo já se encontrava em fronteira e aguardava a liberação da carga pela aduana. O veículo ficou aguardando até que esse documento chegasse à fronteira, o que gerou despesas extras de armazenagem e estadia de caminhão. Nessas horas, o exportador acaba perdendo parte de seu lucro e, além disso, o importador fica descontente com o serviço prestado.

Se a exportação precisar de um certificado de origem, solicite-o o quanto antes e verifique junto aos órgãos emissores quais os procedimentos para sua emissão. Em São Paulo, por exemplo, dependendo do certificado, o órgão emissor poderá ser a Fiesp, a Ciesp ou o Banco do Brasil, e cada um tem um procedimento diferente. Além disso, os prazos para emissão também variam entre eles. O BB solicita que o certificado emitido por ele seja enviado pelo gerenciador financeiro disponível em seu portal. Já a Fiesp tem em seu portal um programa de emissão de certificado. Portanto, esteja atento a tudo isso.

Há vários tipos de certificados de origem em razão dos vários acordos comerciais dos quais o Brasil participa. Fique atento aos valores cobrados para a emissão de cada um. É possível que, ao se contatar algum órgão emissor, o valor seja diferente para o associado e o não associado à instituição emissora. Caso queira saber mais sobre certificado de origem e acordos comerciais, acesse a página da Federação das Indústrias de seu estado.

O certificado de origem é um documento importante para a obtenção de preferência tarifária e, num mercado em que a concorrência é global, saber aproveitar os benefícios às exportações certamente pode fazer a diferença na decisão de venda internacional. Conheça algumas modalidades deste documento:

- **certificado de origem comum**: emitido por solicitação do exportador, a seu próprio critério ou para que atenda à legislação de seu país;
- **certificado de origem da Aladi**: comprova a origem da mercadoria para países integrantes desse acordo;
- **certificado de origem do Mercosul**: comprova a origem da mercadoria para países integrantes do Mercosul.

Nota fiscal de exportação

Documento emitido pelo exportador. Tem a finalidade de amparar a saída da mercadoria do estabelecimento exportador até o local de embarque. Esse documento tem algumas variações, dependendo da operação de exportação em relação a seu Código Fiscal de Operações e Prestações - CFOP.

Código Fiscal de Operações e Prestações - CFOP

CFOP	DESCRIÇÃO	APLICAÇÃO
7.000	Saídas ou prestações de serviços para o exterior	Classificam-se neste grupo as operações ou prestações em que o destinatário esteja localizado em outro país.
7.100	Vendas de produção própria ou de terceiros	
7.101	Venda de produção do estabelecimento	Venda de produto industrializado ou produzido pelo estabelecimento, bem como a venda de mercadoria por estabelecimento industrial ou produtor rural de cooperativa destinada a seus cooperados ou a estabelecimento de outra cooperativa.
7.102	Venda de mercadoria adquirida ou recebida de terceiros	Classificam-se neste código as vendas de mercadorias adquiridas ou recebidas de terceiros para industrialização ou comercialização, que não tenham sido objeto de nenhum processo industrial no estabelecimento. Também serão classificadas neste código as vendas de mercadorias por estabelecimento comercial de cooperativa.
7.105	Venda de produção do estabelecimento, que não deva por ele transitar	Classificam-se neste código as vendas de produtos industrializados no estabelecimento, armazenados em depósito fechado, armazém geral ou outro, sem que haja retorno ao estabelecimento depositante.

7.106	Venda de mercadoria adquirida ou recebida de terceiros, que não deva por eles transitar	Classificam-se neste código as vendas de mercadorias adquiridas ou recebidas de terceiros para industrialização ou comercialização, armazenadas em depósito fechado, armazém geral ou outro, que não tenham sido objeto de nenhum processo industrial no estabelecimento, sem que haja retorno ao estabelecimento depositante. Também serão classificadas neste código as vendas de mercadorias importadas, cuja saída ocorra do recinto alfandegado ou da repartição alfandegária onde se processou o desembaraço aduaneiro, com destino ao estabelecimento do comprador, sem transitar pelo estabelecimento do importador.
7.127	Venda de produção do estabelecimento sob o regime de *drawback*	Classificam-se neste código as vendas de produtos industrializados no estabelecimento sob o regime de *drawback*, cujas compras foram classificadas no código 3.127 – Compra para industrialização sob o regime de *drawback*.
7.200	Devoluções de compras para industrialização, comercialização ou anulações de valores	

7.201	Devolução de compra para industrialização ou produção rural (NR Ajuste Sinief 05/2005) (Decreto nº 28.868/2006)	Devolução de mercadoria adquirida para ser utilizada em processo de industrialização ou produção rural, cuja entrada tenha sido classificada como 1.101 - Compra para industrialização ou produção rural.
7.202	Devolução de compra para comercialização	Classificam-se neste código as devoluções de mercadorias adquiridas para serem comercializadas, cujas entradas tenham sido classificadas como compra para comercialização.
7.205	Anulação de valor relativo à aquisição de serviço de comunicação	Classificam-se neste código as anulações correspondentes a valores faturados indevidamente, decorrentes das aquisições de serviços de comunicação.
7.206	Anulação de valor relativo à aquisição de serviço de transporte	Classificam-se neste código as anulações correspondentes a valores faturados indevidamente, decorrentes das aquisições de serviços de transporte.
7.207	Anulação de valor relativo à compra de energia elétrica	Classificam-se neste código as anulações correspondentes a valores faturados indevidamente, decorrentes da compra de energia elétrica.

7.210	Devolução de compra para utilização na prestação de serviço	Classificam-se neste código as devoluções de mercadorias adquiridas para utilização na prestação de serviços, cujas entradas tenham sido classificadas nos códigos 3.126 - Compra para utilização na prestação de serviço sujeita ao ICMS, e 3.128 - Compra para utilização na prestação de serviço sujeita ao ISSQN. (Veja mais em Ajuste Sinief 4, de 9 de julho de 2010, p. 7. Efeitos a partir de 1º de janeiro de 2011- Decreto nº 36.465/2011.)
7.211	Devolução de compras para industrialização sob o regime de *drawback*	Classificam-se neste código as devoluções de mercadorias adquiridas para serem utilizadas em processo de industrialização sob o regime de *drawback* e não utilizadas no referido processo, cujas entradas tenham sido classificadas no código 3.127 - Compra para industrialização sob o regime de *drawback*.
7.250	Vendas de energia elétrica	
7.251	Venda de energia elétrica para o exterior	Classificam-se neste código as vendas de energia elétrica para o exterior.
7.300	Prestações de serviços de comunicação	

7.301	Prestação de serviço de comunicação para execução de serviço da mesma natureza	Classificam-se neste código as prestações de serviços de comunicação destinados às prestações de serviços da mesma natureza.
7.358	Prestação de serviço de transporte	Classificam-se neste código as prestações de serviços de transporte destinados a estabelecimento no exterior.
7.500	Exportação de mercadorias recebidas com fim específico de exportação	
7.501	Exportação de mercadorias recebidas com fim específico de exportação	Classificam-se neste código as exportações das mercadorias recebidas anteriormente com finalidade específica de exportação, cujas entradas tenham sido classificadas nos códigos 1.501 - Entrada de mercadoria recebida com fim específico de exportação, ou 2.501 - Entrada de mercadoria recebida com fim específico de exportação.
7.550	Operações com bens de ativo imobilizado e materiais para uso ou consumo	
7.551	Venda de bem do ativo imobilizado	Classificam-se neste código as vendas de bens integrantes do ativo imobilizado do estabelecimento.

7.553	Devolução de compra de bem para o ativo imobilizado	Classificam-se neste código as devoluções de bens adquiridos para integrar o ativo imobilizado do estabelecimento, cuja entrada foi classificada no código 3.551 - Compra de bem para o ativo imobilizado.
7.556	Devolução de compra de material de uso ou consumo	Classificam-se neste código as devoluções de mercadorias destinadas ao uso ou consumo do estabelecimento, cuja entrada tenha sido classificada no código 3.556 - Compra de material para uso ou consumo.
7.650	Saídas de combustíveis, derivados ou não de petróleo, e lubrificantes	A partir de 1º-1-2004 - Decreto nº 26.174, de 26-11-2003.
7.651	Venda de combustível ou lubrificante de produção do estabelecimento	Venda de combustível ou lubrificante industrializados no estabelecimento e destinados ao exterior (a partir de 1º-1-2004 - Decreto nº 26.174, de 26-11-2003).
7.654	Venda de combustível ou lubrificante adquiridos ou recebidos de terceiros	Venda de combustível ou lubrificante, adquiridos ou recebidos de terceiros, destinados ao exterior (a partir de 1º-1-2004 - Decreto nº 26.174, de 26-11-2003).

7.667	Venda de combustível ou lubrificante a consumidor ou usuário final	Venda de combustível ou lubrificante a consumidor ou a usuário final, cuja operação tenha sido equiparada a uma exportação. ACR Ajuste Sinief 05/2009 – a partir de 1º-7-2009) (Decreto nº 34.490/2009).
7.900	Outras saídas de mercadoria ou prestações de serviços	
7.930	Lançamento efetuado a título de devolução de bem cuja entrada tenha ocorrido sob amparo de regime especial aduaneiro de admissão temporária	Classificam-se neste código os lançamentos efetuados a título de saída em devolução de bens cuja entrada tenha ocorrido sob amparo de regime especial aduaneiro de admissão temporária.
7.949	Outra saída de mercadoria ou prestação de serviço não especificado	Classificam-se neste código as outras saídas de mercadorias ou prestações de serviços que não tenham sido especificadas nos códigos anteriores.

Fonte: Secretaria da Fazenda do Estado de São Paulo – Sefaz, 2012.

Ainda com base no tipo de exportação, nos dados adicionais da nota fiscal deverão constar as bases legais sobre os impostos na exportação, por exemplo, a suspensão de impostos e convênio ICMS, se for o caso.

Observação: a nota fiscal é eletrônica – Danfe –, com chave de acesso para consulta de autenticidade.

Saque/*Draft*

É um documento financeiro emitido pelo exportador contra seu cliente no exterior. Nele estão as informações do valor da exportação e os dados do beneficiário e por isso será um documento importante em caso de inadimplência.

Esses são alguns dos documentos que amparam os processos de exportação do Brasil. Uma dica valiosa para evitar atrasos e diminuir riscos é a conferência e validação de todos os documentos. Procedimento fácil de adotar e que, na prática, pode evitar transtornos tanto no Brasil quanto na alfândega do país de destino da exportação.

Estratégias de distribuição

Já falamos anteriormente sobre a necessidade de uma empresa se habilitar no Radar caso queira atuar no comércio internacional. Mas será que há opção caso uma empresa não tenha esse cadastro? Os canais de distribuição na exportação são importantes, pois é por meio deles que o exportador envia seu produto ao exterior. Posicionar-se estrategicamente em relação a isso vai permitir que o exportador não comprometa o tempo de atendimento do pedido, ou que pelo menos diminua o risco de atrasar a entrega. Lembro-me de vários casos em que uma empresa tinha muita urgência no envio de produtos vendidos ou de amostras ao exterior, mas não estava habilitada no Radar. Vejamos algumas opções, umas fáceis e outras nem tanto.

Correios: os correios oferecem um serviço de exportação chamado Exporta Fácil.[10] Esse serviço ajuda na distribuição de produtos nos limites estabelecidos pela legislação para essa forma de envio. O ponto forte é que não há necessidade de o exportador ter o Radar. Mas é importante observar as regras para esse canal de distribuição. Detalhe essencial nessa estratégia de distribuição é observar as regras do país de destino. Cada país possui sua legislação aduaneira e, portanto, conhecer essa legislação vai diminuir o risco da operação.

Exportação indireta: nessa estratégia de distribuição, o exportador usará a estrutura de um terceiro para realizar a exportação. Poderá optar por usar uma *trading company* ou mesmo uma comercial

---

[10] Disponível em https://www.correios.com.br/para-sua-empresa/exportacao-e-importacao/perguntas-frequentes/exporta-facil. Acesso em 31-7-2017.

exportadora. Essas empresas colocam à disposição do exportador toda a estrutura necessária para realizar a exportação. Além disso, conhecem bem o mercado internacional e atuam em todas as etapas.

Courier: serviço de encomenda expressa a serviço das empresas. Uma estratégia também possível de ser adotada, mas com limitações de valores e peso para exportação. Aqui vale a mesma orientação sobre as questões legais de cada país importador. Ao decidir-se por usar uma empresa de *courier*, esteja atento aos procedimentos e restrições nas alfândegas de destino.

Certa vez, uma empresa fez uma venda e, por não ter o Radar, optou por fazer a exportação por *courier*. O destino final foi o Canadá. O valor da venda foi de US$ 2.400 dólares canadenses e, quando o produto chegou à alfândega da cidade de destino, o processo foi parado pela fiscalização daquela cidade, pois o valor ultrapassava o permitido naquele tipo de operação. Por fim, o importador canadense fez a liberação do material em sua alfândega, mas antes precisou cumprir uma série de exigências e recolher tributos. O exportador atende até hoje o mesmo cliente, mas mudou sua estratégia e faz vendas com valores de no máximo US$ 1.600 dólares canadenses. Dessa forma, nenhum processo sofreu atraso.

Política de incentivo à exportação

Os incentivos conferem maior competitividade a um produto brasileiro no exterior e, embora alguns produtos como cigarros e couro cru sofram incidência do imposto de exportação, a maioria dos produtos brasileiros de exportação não terá a incidência desse imposto.

Fabricantes exportadores, *tradings*, comerciais exportadoras e cooperativas são isentos de Imposto sobre Produtos Industrializados – IPI. Também há imunidade do Imposto sobre Circulação de Mercadorias e Serviços (ICMS), e para o PIS/Pasep e Cofins o governo determina que as receitas de exportação sejam excluídas das receitas bruta e operacional do exportador, que são as bases de cálculo desses impostos.

Com todo esse incentivo tributário, por que será que as exportações brasileiras não estão mais presentes nas micro e pequenas empresas? Isso é suficiente para que elas exportem seus produtos? E o Custo Brasil, que peso tem nas decisões de exportação?

É fato que as políticas, isoladamente, não são suficientes para que mais empresas exportem seus produtos. Falemos de iniciativas que poderiam ajudar a construir uma mentalidade exportadora.

- **Simplificação do comércio exterior por meio da legislação.** São muitas as normas e leis que orientam o comércio internacional, e uma ação prática para unificar essas leis seria uma excelente forma de ajudar o comércio internacional como um todo.
- **Padronização da estrutura alfandegária.** Ainda hoje percebemos que as alfândegas no Brasil têm vida própria, e o que vale numa determinada alfândega não vale para outra. Exemplo claro disso são os horários para dar entrada em processos, os horários de atendimento ao exportador e importador e toda a estrutura à disposição das empresas. A falta de padrão é uma dificuldade.
- **Acesso a financiamento.** Os controladores do comércio exterior brasileiro vêm debatendo a possibilidade de tirar da gaveta um projeto parado: a criação de um banco para exportação, o Eximbank. Caso isso ocorra, com certeza o exportador terá mais chances de viabilizar suas vendas.

Essas são ações que, se tornarem realidade, poderão mudar o panorama das exportações, fortalecendo a criação de uma mentalidade exportadora em empresas menores e criando uma oportunidade real de atuação global num país bastante empreendedor, como o Brasil. Associar essas ideias com as políticas que citamos só favorece as exportações. A partir daí, empresas brasileiras podem buscar sua rentabilidade no cenário internacional, gerando empregos e ganhando em qualidade e lucratividade.

Uma microempresa nacional, na época da crise financeira de 2008, viu despencar suas vendas no mercado interno. Como saída, o empresário buscou outros clientes, mas, estrategicamente, fora do Brasil. Acabou por identificar que seus produtos tinham forte apelo de venda em países como Uruguai, Paraguai, Argentina e México. O passo seguinte foi desenvolver um planejamento de atuação no exterior, cadastrar a empresa no Radar e enviar algumas amostras aos futuros clientes. A empresa posicionou-se quanto à forma de venda, decidindo-se pelo Incoterm Ex Works, assumindo naquele momento uma postura mais conservadora de venda. O final dessa história foi sua consolidação como exportador nos anos seguintes, condição que mantém até hoje. Sem abandonar o mercado interno, inseriu-se no contexto internacional e, sabiamente, aproveitou um momento de dificuldade para achar uma saída, o que conseguiu, com mérito.

O que será que pode pesar na decisão estratégica para que essa empresa evolua ainda mais no comércio internacional? É fácil perceber que a resposta para essa pergunta pode vir da facilitação e desburocratização do comércio internacional brasileiro.

Formando o preço para a exportação

A base para a decisão empresarial de formação de preço para exportação é o valor do produto cobrado no mercado nacional, uma vez que no mercado local esse valor é composto por tributos, taxas, contribuições e demais despesas até o produto chegar ao ponto de venda. A partir daí, dá-se a formação de preço para venda no mercado internacional. Portanto, ao formar seu preço de venda no exterior, o exportador leva em conta:

- o valor do preço no mercado interno;
- todas as despesas que fazem parte do mercado interno;
- a condição de venda – Incoterm;
- suas responsabilidades como exportador;
- as condições de fornecimento;
- a política de descontos;
- a política de pagamento;
- a política de quantidade mínima para venda.

Conhecendo todos esses detalhes, o exportador será capaz de adaptar seu preço de venda para a exportação. Fazendo uma relação entre o preço no mercado interno e a formação de preço para exportação, o exportador vai retirar as despesas, tributos, taxas e contribuições e incluir todas as despesas segundo o Incoterm negociado. Logo, é importante que o exportador conheça todas as etapas de um processo e quanto elas custam, conforme a condição de venda negociada. Também não deve esquecer a margem de lucro desejada.

Certa vez, um exportador vendeu produtos alimentícios no exterior, e uma das exigências do país comprador era que os rótulos fossem em seu idioma. O exportador não atentou para esse detalhe e nas primeiras exportações não considerou na formação de preço os custos que envolveram essa etapa da preparação do produto para a exportação.

Ao calcular o preço de exportação de seu produto, o exportador precisa atentar para a cobrança de preços do mercado para o qual vai exportar. Conhecer a política de preços global diminui o risco das exportações, uma vez que o órgão controlador averigua a prática de preços com vistas ao comércio justo. O preço de exportação também sofre influência do mercado concorrente, desejos do consumidor, fatores de restrição ao comércio internacional, burocracia e fatores de produção.

Há várias ferramentas disponíveis que fornecem informações importantes sobre formação de preços para exportação, por exemplo, no Portal Único de Comércio Exterior.[11] Outro exemplo é a ferramenta de formação de preço de exportação do MDIC.[12]

Pensando agora nos Incoterms, será que a venda com valor agregado pode ajudar o exportador a aumentar sua margem de lucro? Uma venda mais conservadora na condição Ex Works ajudaria a manter o cliente caso ele sugerisse um desconto numa compra seguinte? Que cliente não gostaria de receber seu produto em casa? Sendo assim, a venda num outro Incoterm, diferente do Ex Works, que imputa menor responsabilidade para o exportador, seria melhor?

Essas questões servem como reflexão para o exportador definir sua melhor estratégia de preços. O objetivo é que o cliente continue comprando, e a venda com valor agregado pode conduzir a isso; embora a escolha do Incoterm pareça simples, é preciso definir parcerias estratégicas que permitam agregar valor à venda.

---

[11] Disponível em http://portal.siscomex.gov.br/. Acesso em 31-7-2017.

[12] Disponível em http://simuladordepreco.mdic.gov.br/. Acesso em 31-7-2017.

Formas de pagamento

O Banco Central do Brasil estabelece as normas do mercado de câmbio por meio de Cartas Circulares, e compreender as formas de pagamento vai ajudar o exportador a vender seus produtos de acordo com a norma vigente.

- **Pagamento antecipado**: nessa modalidade de pagamento, o embarque do produto é feito mediante a confirmação do recebimento do câmbio de exportação.
- **Carta de crédito**: o exportador passa a ter garantias bancárias caso o importador não efetue o pagamento segundo o acordado.
- **Cobrança documentária**: o exportador libera os documentos de exportação junto a seu banco, que os envia para o banco do importador, e este fará a liberação dos documentos no país de destino do produto, conforme as instruções recebidas do país de origem.
- **Remessa sem saque**: os documentos necessários ao desembaraço aduaneiro no país importador são enviados diretamente pelo exportador. Essa modalidade é muito usada nas negociações entre matriz e filial.

O exportador ainda pode contar com uma ferramenta de redução do risco financeiro, o seguro de crédito à exportação, que previne, de acordo com as regras de indenização, contra o risco de inadimplência.

Desembaraço aduaneiro na exportação

O desembaraço aduaneiro na exportação é feito por meio do Siscomex, a partir da recepção dos documentos pela fiscalização da alfândega na qual será liberada a carga. Depois de fechada a venda, o exportador inicia a produção e/ou o preparo da mercadoria para o transporte. De posse dos documentos (fatura comercial e *packing list*), já é possível emitir o Registro de Exportação e, então, o produto é enviado para a alfândega, acompanhado da nota fiscal de exportação. O terminal de cargas, ao recepcionar o produto e observar que está tudo correto, libera a presença de carga. A partir daí, o Siscomex recebe as informações para desembaraço aduaneiro e registra-se a Solicitação de Despacho, que dá início ao desembaraço aduaneiro parametrizado em canais. A parametrização consiste, na prática, no procedimento pelo qual o produto passará antes de ser autorizado a embarcar para o exterior.

Canais de parametrização

- **canal verde**: o produto parametrizado nesse canal será desembaraçado sem conferência;
- **canal laranja**: o produto parametrizado nesse canal passará pela conferência documental antes de embarcar;
- **canal vermelho**: o produto parametrizado nesse canal passará pela conferência física antes de embarcar para o exterior.

Ao planejar o tempo de atendimento de um pedido de exportação, considere que, dependendo do canal de parametrização, haverá certa demora na liberação alfandegária. Lembre-se de que empresas recém-habilitadas no Radar estão mais propensas a ter seus processos de exportação parametrizados em canal vermelho pela falta de histórico junto à Receita Federal do Brasil.

A seguir, destaco alguns dos regimes aduaneiros especiais, previstos na legislação, que podem contribuir para o desenvolvimento de negócios no exterior.

Exportação temporária

Permite o envio ao exterior de produtos com suspensão do pagamento do imposto de exportação, de produto nacional ou nacionalizado para fins de demonstração em feiras e eventos em geral. Outras possibilidades de utilização desse regime podem ser observadas no Regulamento Aduaneiro, Decreto nº 6.759/2009.

Pode ser uma opção para exportadores que queiram fazer uma análise de mercado e de viabilidade da exportação. O prazo para retorno do produto é de um ano, prorrogável por mais um. Nesse regime aduaneiro especial, o produto exportado deve retornar ao Brasil no prazo estabelecido, sem nenhuma modificação, ou seja, no mesmo estado em que foi exportado.

Exportação temporária para aperfeiçoamento passivo

Esse regime aduaneiro especial permite a saída do Brasil de produtos que serão submetidos a aperfeiçoamento, transformação, elaboração, beneficiamento ou montagem, com posterior retorno no prazo estabelecido de um ano, prorrogável por mais um, com pagamento proporcional de impostos na importação sobre o valor agregado ao produto resultante.

Regime aduaneiro especial de *drawback*

Como vimos anteriormente, o *drawback* é um incentivo à exportação que permite a importação ou a compra de insumos no mercado interno com suspensão ou isenção de impostos, desde que os insumos adquiridos sejam utilizados na produção de bens destinados à exportação. Como incentivo, o *drawback* reduz a carga tributária e os custos financeiros e melhora o fluxo de caixa do exportador. Além disso, permite ao exportador ganhar em qualidade de produto e ter preço competitivo. De competência da Secex, o *drawback* tem algumas modalidades, das quais destaco as mais usadas pelos exportadores brasileiros:

Drawback integrado suspensão

Permite a compra no mercado interno, ou importação, com suspensão dos impostos, de bens destinados à produção de produtos a serem exportados. Essa modalidade aplica-se, mais adequadamente, a exportadores cuja expectativa de exportação permite planejar seus compromissos de venda futura. O prazo de validade desse regime, para a comprovação da exportação, é de um ano, prorrogável por mais um. O pedido de *drawback* é feito pelo ambiente eletrônico de *drawback* disponível no Portal Siscomex.

As telas a seguir demonstram o acesso ao Siscomex, módulo de *drawback* eletrônico, caso o exportador tenha um processo de exportação amparado por esse regime aduaneiro especial.

Nessa tela, o exportador tem acesso ao sistema Siscomex para solicitar o ato concessório de *drawback*.

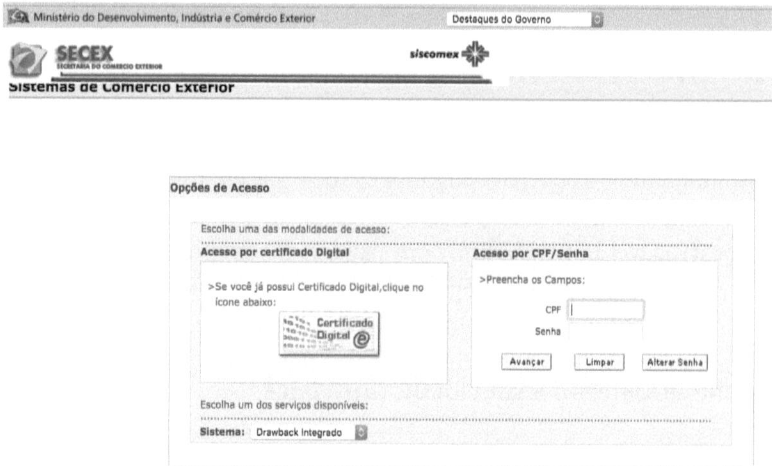

Fonte: Ministério da Indústria, Comércio Exterior e Serviços.[13]

Nas opções de tela, o responsável pela solicitação do ato concessório irá optar por *Drawback* Integrado no ambiente de sistemas operacionais. Caso o exportador queira fazer alguma consulta de processos de *drawback* registrados no ambiente operacional *Drawback* Suspensão, ele deverá acessar essa opção, porém os registros novos apenas no integrado.

---

13 Disponível em https://siscomex.desenvolvimento.gov.br/g33159Secex/jsp/logon.jsp?ind=6. Acesso em 31-7-2017.

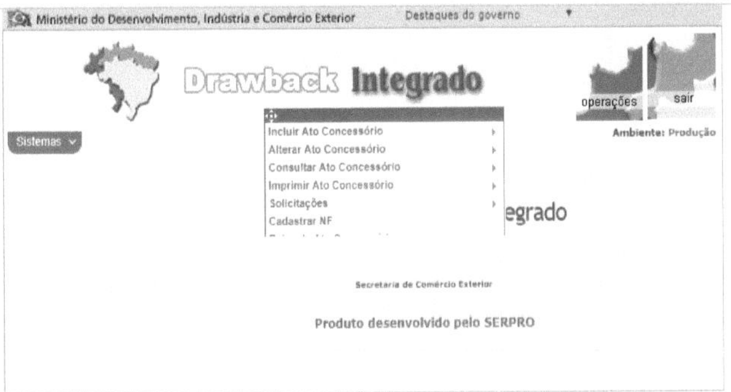

Fonte: Ministério da Indústria, Comércio Exterior e Serviços, 2017.

A seguir o sistema disponibiliza estas opções:

- incluir ato concessório para a inclusão de ato concessório novo;
- alterar um ato concessório;
- consultar um ato concessório;
- anuência de ato concessório;
- anuência de baixa de ato concessório;
- excluir ato concessório;
- imprimir ato concessório;
- solicitações;
- baixa;
- tabelas;
- tabelas anuentes.

Fonte: Ministério do Desenvolvimento, Indústria e Comércio Exterior, 2017.

Para a inclusão do ato concessório integrado suspensão, o responsável pelo registro deverá ter em mãos a planilha com os seguintes dados:

- perdas no processo produtivo;
- valor estimado de frete internacional para importação;
- valor estimado do seguro de transporte internacional na importação;
- dados do produto a ser importado: nome, NCM, valor e quantidade;
- dados das previsões de exportação: valor, nome do produto, NCM, peso e quantidade.

Todos esses dados, depois de digitados, irão compor o ato concessório cujo deferimento será automático, desde que os critérios do Regime Especial de *Drawback* tenham sido atendidos na solicitação e o exportador não tenha seu CNPJ centralizado, pois isso leva o pedido a uma análise prévia.

Esquema do *drawback* integrado

- **Suspensão**: é essencial que o exportador controle o prazo de validade e o consumo de matéria-prima utilizada na fabricação do produto a ser exportado para solicitar a baixa do regime ainda no prazo de validade. A baixa do ato concessório, documento pelo qual o Decex aprova o pedido, é um dos trâmites a serem cumpridos pelo exportador durante a vigência do regime.

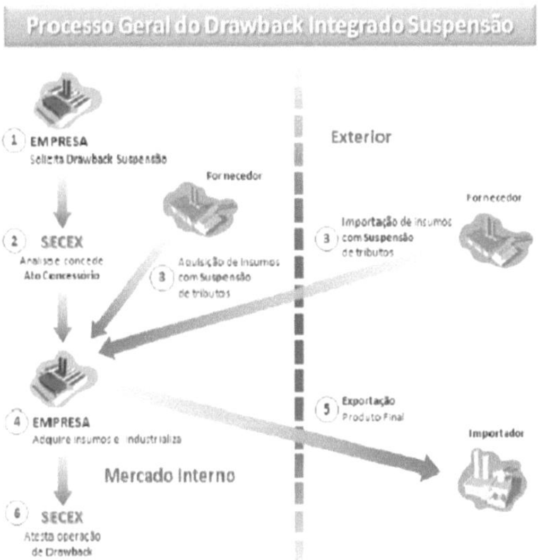

Fonte: Ministério do Desenvolvimento, Indústria e Comércio Exterior, 2012.

- **Isenção**: permite a compra no mercado interno ou a importação de bens destinados à reposição de estoque de bens utilizados para fabricar produtos exportados. Essa modalidade se aplica, mais adequadamente, a exportadores cujo processo produtivo é de difícil controle e que não conseguem avaliar quanto vão consumir de matéria-prima no momento da produção. O prazo de validade desse regime também é de um ano, prorrogável por mais um. O pedido de *drawback* é feito por intermédio do Siscomex Drawback Isenção, conforme tela a seguir:

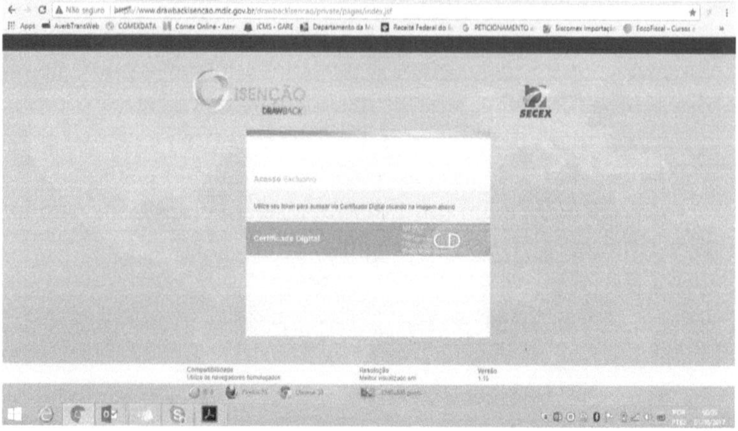

A seguir, o roteiro de *drawback* isenção:

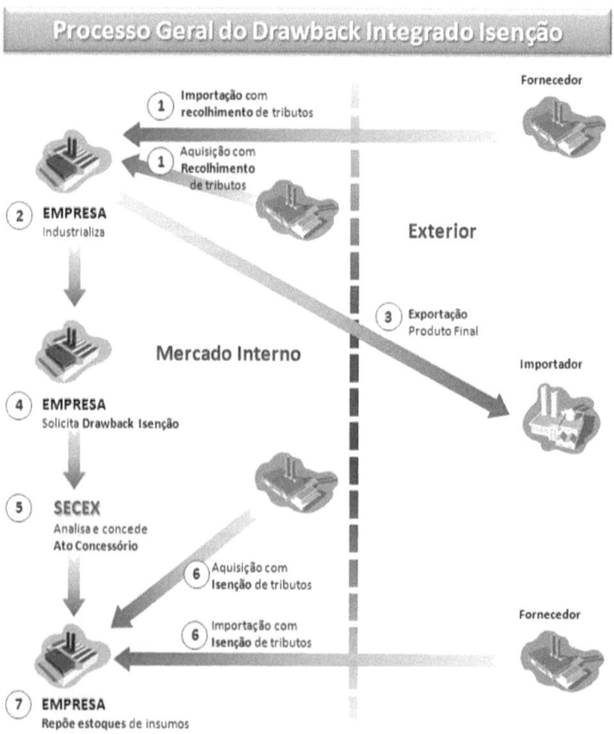

Fonte: Ministério da Indústria, Comércio Exterior e Serviços, 2017.

O regime especial de *drawback* necessita de licença de importação a ser anuída pelo Decex e, desde que o produto não sofra controle de outro órgão anuente, essa licença, que será tratada no capítulo "Importação", poderá ser emitida pós-embarque.

Para saber de outras modalidades, submodalidades, aplicação do regime, produtos de abrangência do regime e outras informações sobre o regime especial de *drawback*, consulte o portal do MDIC e as legislações vigentes.

Roteiro básico de exportação

- O exportador envia o pedido de exportação ao cliente para aprovação e/ou correção de inconsistências no pedido.
- Após o pedido ser aprovado, o exportador providencia o embarque do produto:
  - se o frete internacional for por conta do cliente, o exportador entrega a mercadoria desembaraçada para a exportação;
  - se o frete internacional for por conta do exportador, ele providencia a reserva de praça junto à agência marítima ou à companhia aérea, ou, ainda, coordena a coleta, se o transporte internacional for no modal rodoviário.
- O exportador prepara a mercadoria para o embarque.
- *Follow-up* do processo.
- O exportador recebe a confirmação da reserva; providencia a coleta da carga em sua fábrica, emite a fatura comercial e a *packing list*, emite a Nota Fiscal de Exportação e envia cópia dos documentos ao representante legal.
- O representante legal providencia o Registro de Exportação – RE e envia ao exportador uma solicitação de numerário.
- *Follow-up* do processo.
- O agente embarcador providencia a emissão do conhecimento de transporte modal aéreo – *airway bill* (AWB), prepara etiquetas de identificação de carga e acompanha a entrega da carga no aeroporto.

- O agente embarcador providencia espelho do conhecimento de embarque marítimo – *bill of lading* (B/L) – e acompanha a entrega da carga no aeroporto.
- O agente embarcador acompanha e avisa o exportador sobre a presença da carga no terminal de cargas.
- O representante legal registra a Solicitação de Despacho - SD.
- O representante legal apresenta os documentos na alfândega brasileira para a liberação aduaneira.
- *Follow-up* do processo.
- Acompanhamento do canal de parametrização:
  - canal verde - produto desembaraçado;
  - canal laranja - conferência documental;
  - canal vermelho - conferência física.
- Desembaraço aduaneiro.
- *Follow-up* do processo.
- Entrega dos documentos para o agente embarcador.
- Emissão do aviso de embarque e envio deste ao importador/cliente.
- Acompanhamento do embarque.
- Envio dos documentos ao importador.
- Juntada de todos os documentos do processo e recibos de despesas.
- Emissão de fatura para fechamento do processo.
- Fechamento de câmbio.

O *follow-up* é mencionado em vários momentos para chamar a atenção para a importância do acompanhamento constante do processo. Os prazos de cada etapa variam de processo para processo em razão da alfândega, modal utilizado, canal de parametrização, etc. Esteja certo de que o *follow-up* contínuo durante todo o processo vai evitar transtornos no decorrer da exportação. Por isso, faça o acompanhamento.

Resumo

Neste capítulo, você conheceu as práticas de exportação, suas características e estratégias de venda, a importância dos documentos de exportação, as possibilidades de condição de venda definidas pelo Incoterm que facilitam a vida do exportador. Também viu como é essencial conhecer o mercado-alvo das exportações, a concorrência, as barreiras que precisam ser vencidas, a burocracia, o anseio do cliente em relação ao produto e a seu valor agregado para definir o preço ideal de venda, bem como a relação entre Incoterm e formação de preço de exportação, considerando-se que o primeiro representa as responsabilidades do vendedor. Para finalizar, conheceu as opções de canais de distribuição (exportação direta, indireta e o Exporta Fácil dos correios) e, por fim, viu um roteiro de exportação com um passo a passo detalhado, com ênfase na importância de acompanhar de perto todo o processo.

Questões para reflexão

1. Diante dos motivos que podem levar uma empresa a exportar e considerando-se as estratégias de atuação na exportação, o que pode representar valor agregado para o cliente num mercado tão competitivo como o internacional?

O valor agregado pode ser entendido como um diferencial, um pós-venda, assistência técnica de qualidade, capacitação técnica para entender o produto, serviços, entre tantas outras coisas, mas, acima de tudo, precisa ser percebido pelo cliente e, quando percebido, necessita ser valorizado.

Certa empresa fez uma exportação na condição de venda FOB e, quando o navio partiu do porto brasileiro, houve um acidente, um incêndio na casa de máquinas, e o navio precisou ser rebocado até o país de destino. Isso ocasionou uma avaria com necessidade de indenização. Embora a condição de venda FOB e o seguro fosse de responsabilidade do importador, o exportador brasileiro não se negou a dar assistência ao cliente, antecipando-se até e dando todas as orientações sobre como proceder em relação ao seguro quando o navio atracasse no porto de destino. Isso agradou muito ao importador, foi um valor agregado percebido e valorizado.

2. Calcule o preço de exportação nas condições Ex Works, FOB e CIF.
   1. Preço do produto no mercado interno, sem IPI: US$ 59.500,00
   2. Impostos, tributos, taxas e contribuições no mercado interno:
      - ICMS: 18%
      - PIS/Pasep: 0,65%
      - Cofins: 3%
   3. Despesas no mercado interno:
      - Despesas com distribuição: US$ 1.125,00
      - Despesas com embalagem: US$ 782,00
      - Comissão de vendas: US$ 5.950,00
      - Lucro: US$ 17.850,00
   4. Despesas para exportação:
      - Despesas com embalagem: US$ 533,00
      - Transporte interno até o local de embarque: US$ 425,00
      - Desembaraço aduaneiro: US$ 260,00
      - Taxa do Sindicato dos Despachantes Aduaneiros – SDA: US$ 580,48
      - Armazenagem: US$ 130,00
      - Frete internacional e adicionais de frete: US$ 710,00
      - Seguro de transporte internacional de carga: US$ 180,63
      - Lucro: 30%

   Solução:

   Extrair todas as despesas do mercado interno:

   - *US$ 59.500,00*
   - *US$ 10.710,00 (ICMS)*
   - *US$ 386,75 (PIS)*
   - *US$ 1.785,00 (Cofins)*

- *US$ 1.125,00 (distribuição)*
- *US$ 782,00 (embalagem)*
- *US$ 5.950,00 (comissão de vendas)*
- *US$ 17.850,00 (lucro)*

Subtotal: US$ 20.911,25

Preço Ex Works – acrescentam-se as despesas até que o produto esteja pronto para embarque:

- *US$ 20.911,25*
- *+ US$ 533,00 (embalagem)*
- *+ US$ 9.190,39 (lucro)*

Preço de exportação Ex Works: US$ 30.634,64

Preço na condição FOB – acrescentam-se as despesas até o local de embarque:

- *US$ 30.634,64*
- *+ US$ 425,00 (transporte interno até o local de embarque)*
- *+ US$ 260,00 (desembaraço aduaneiro)*
- *+ US$ 580,48 (SDA)*
- *+ US$ 130,00 (armazenagem)*

Preço FOB: US$ 32.030,12

Preço na condição CIF – acrescentam-se as despesas de responsabilidade do frete e seguro:

- *US$ 32.030,12*
- *+ US$ 710,00 (frete internacional e adicionais)*
- *+ US$ 180,63 (seguro de transporte internacional)*

Preço CIF: US$ 32.920,75

Importação

Território aduaneiro

Se buscarmos no Regulamento Aduaneiro o conceito e a estrutura do território aduaneiro, facilmente entenderemos o que eles significam. Mas, na prática, que decisões podemos tomar com base nesses conhecimentos?

O território aduaneiro compreende todo o território nacional, e sua estrutura está assim dividida:

- **Zona primária**:
  - área terrestre ou aquática, contínua ou descontínua, nos portos alfandegados;
  - área terrestre nos aeroportos alfandegados e
  - área terrestre que compreende os pontos de fronteiras alfandegados.
- **Zona secundária**, que compreende a parte restante do território aduaneiro, nela incluídos as águas territoriais e o espaço aéreo.

Essa divisão contribui, por exemplo, para que portos e aeroportos não fiquem congestionados de produtos e, como opção, a zona secundária pode facilitar o acesso às mercadorias negociadas no comércio exterior.

Recintos alfandegados

Os recintos alfandegados, dessa forma definidos no Regulamento Aduaneiro, Decreto nº 6.759/2009, são locais assim declarados pela autoridade aduaneira competente, em zona primária ou secundária, a fim de que neles possam ocorrer, sob controle aduaneiro, movimentação, armazenagem e despacho aduaneiro. Já os portos secos são recintos alfandegados de uso público e não instalados em zona primária, onde também se realizam movimentação, armazenagem e despacho aduaneiro de mercadorias e de bagagens, sob controle aduaneiro. Esses locais podem ser autorizados a operar com cargas de importação ou de exportação, ou de ambas.

O porto seco, como zona secundária, desafoga os locais por onde entram produtos no Brasil. O importador, com base nessa estrutura, pode decidir-se por conduzir seus processos de desembaraço aduaneiro em um porto seco.

Não precisamos fazer muito esforço para perceber que o porto seco, estrutura operacional e logística atuante sob concessão da Receita Federal do Brasil e espalhada pelo território aduaneiro–, movimenta menos cargas do que portos e aeroportos. Se fosse somente por esse detalhe, o importador já poderia, ao menos, pensar na possibilidade de direcionar suas cargas para esses armazéns alfandegados. Mas, também pelo fato de serem armazéns administrados pela iniciativa privada, oferecerem a possibilidade de negociação dos custos de armazenagem e de movimentação de carga e terem acesso mais rápido à fiscalização para cumprimento de alguma exigência no momento do desembaraço aduaneiro, os portos secos podem representar alguma vantagem na redução do tempo de um produto parado aguardando liberação, o que se refletirá no tempo total de atendimento de um pedido. Essas facilidades, certamente, não significam que optar pela utilização da zona secundária sempre será a melhor alternativa em termos de agilidade e segurança de um processo de importação. Ao importador cabe a tarefa de avaliar todas as consequências antes de tomar a decisão.

Lembro-me de um importador que atuava com produtos controlados e que, certa vez, solicitou que um produto importado fosse direcionado a um porto seco, mas na Estação Aduaneira Interior (Eadi) não havia posto fixo do órgão anuente necessário para o deferimento de uma licença de importação para o produto controlado. O órgão anuente estava presente apenas uma vez por semana para analisar todos os produtos sob sua responsabilidade. Isso gerou um tempo a mais no processo de desembaraço, o qual não estava previsto e que poderia ter sido evitado se o produto tivesse ficado na zona primária, nesse exemplo, o aeroporto. Ao importador faltou analisar melhor os fatores de risco e o custo-benefício que poderiam sustentar uma boa decisão. Portanto, a decisão sobre utilizar a zona secundária deveria, obrigatoriamente, passar por uma análise mais criteriosa em relação ao custo-benefício.

Licença de Importação (LI)

Você imagina como era a operação de importação e de exportação no Brasil da década de 1980? Será que reinava uma burocracia maior do que a de hoje? Tínhamos mais ou menos controle sobre os produtos? Será que nessa época era mais fácil fazer comércio exterior no Brasil?

Outro dia, perguntei-me como pode, nos dias de hoje, a internet ter tanta influência no trabalho. Fiz-me essa pergunta porque houve, no escritório, uma queda no sinal de internet que durou metade do dia, e os registros de importação e de exportação simplesmente pararam. O motivo? Não havia sistema. Em termos de comércio exterior, as coisas mudaram a partir da implantação do Siscomex.

No Brasil da década de 1980, os processos de importação necessitavam de guias de importação em papel, datilografadas, que deviam ser apresentadas ao órgão anuente, na época, a Cacex, do Banco do Brasil. Mas, desde a entrada em vigor do Siscomex, na década de 1990, mais precisamente em 1997, os produtos passaram a ser importados sem as guias de importação. Para aqueles que ainda estariam sujeitos a algum tipo de tratamento administrativo, foi instituída a licença de importação no Siscomex. Isso trouxe agilidade, uma vez que os procedimentos para o registro e a solicitação da LI passaram a ser feitos por meio do sistema. Uma maravilha em termos de segurança e transparência.

Embora esse novo procedimento tenha trazido algumas vantagens, na prática isso não significa que a burocracia envolvida no processo tenha acabado. Nada disso. Para produtos controlados, como medicamentos, produtos de saúde animal, alguns produtos do setor têxtil, os procedimentos e prazos para obtenção da licença de importação podem variar muito.

A LI pode ser automática; não automática; pré-embarque e pós-embarque. Dos produtos controlados pelo tratamento administrativo da LI, alguns têm o deferimento desta no momento de seu registro no Siscomex. Nessa situação, a licença é automática, o que faz com que o importador não perca tempo aguardando sua aprovação. Os produtos cuja licença não é automática serão levados para análise do órgão anuente, o que significa demora maior até que ela seja aprovada. Uma vez verificado se o produto passa ou não por esse tratamento administrativo, e quem é o órgão anuente, é necessário atender aos requisitos e procedimentos definidos pelo responsável pela aprovação da licença.

Caso o tratamento administrativo estabeleça que ela será pré-embarque, o importador não poderá autorizar o envio do produto sem que antes o órgão anuente tenha autorizado esse embarque, sob pena de ser autuado pela fiscalização da RFB. Caso o tratamento administrativo indique que a LI é pós-embarque, o importador pode autorizar o embarque e solicitar a autorização posteriormente, sem que esteja sujeito às penalidades.

Como saber se um produto necessita ou não de LI? E o que define a necessidade desse documento? Consultas sobre a necessidade de LI são feitas no Siscomex por meio do representante legal do importador, e o que define se um determinado produto precisa ou não de LI é sua classificação fiscal, a NCM ou o tipo de produto. Por exemplo, uma matéria-prima importada para a fabricação de medicamento. Conhecendo-se a NCM dessa matéria-prima, sabe-se se o produto necessita ou não de LI. Por outro lado, toda operação de *drawback* integrado necessita de LI, independentemente do produto. Nesse caso, estamos tratando de uma operação que terá LI por causa do regime aduaneiro especial. A mesma coisa podemos dizer da importação de material usado. Esse tipo de operação necessita de LI.

Depois de deferida, a LI tem validade de noventa dias para embarque e, caso o embarque não ocorra no prazo, ela não será vinculada no momento do registro da Declaração de Importação (DI). Outra particularidade é que a cada embarque de um produto controlado será necessária uma nova licença de importação, ou seja, não se pode solicitar uma LI para uma determinada quantidade de produtos e fracionar essa quantidade em vários embarques. É necessária uma para cada embarque.

Como solicitar uma LI? Desde a criação do Siscomex, a LI passou a ser solicitada diretamente nesse sistema. Com base em uma fatura, pedido ou outro documento que contenha informações sobre o exportador e o importador, dados da carga, país de procedência, dados comerciais e de câmbio, etc., o registro será feito diretamente no Siscomex, que o enviará ao órgão anuente responsável pela análise.

E qual a relação que pode haver entre a LI, sua importância para o importador e as decisões que ele tomar? Primeiro, que o importador que autorizar o embarque de produto controlado sem ter observado o tratamento administrativo estará sujeito à penalidade de multa, segundo o Regulamento Aduaneiro, Decreto nº 6.759/2009, artigo 706. Além disso, a demora na liberação alfandegária pode ocasionar atraso no tempo de atendimento de um pedido no mercado interno, ou mesmo atraso no processo produtivo. O acompanhamento da LI é feito, também, diretamente no Siscomex e, caso haja alguma exigência por parte do órgão anuente, essa informação constará na opção Acompanhamento de LI do Siscomex.

Informações necessárias para o registro da LI no Siscomex

O Siscomex, ambiente de produção para o pedido do licenciamento, solicitará as seguintes informações:

- **Básicas**: CNPJ ou CPF, dependendo de o registro ser em nome de pessoa física ou jurídica ou ainda de o pedido de LI ser em nome de pessoa física domiciliada no país, órgãos diplomáticos ou pessoa física domiciliada no exterior.
- **Dados do fornecedor**: país de procedência, unidade da Receita Federal onde será feito o despacho da mercadoria e unidade da receita por onde vai entrar a mercadoria; por exemplo, um produto pode entrar por um determinado porto brasileiro e ter seu despacho aduaneiro feito num porto seco localizado fora das proximidades do porto de entrada. Nome e endereço do fornecedor e país de origem.
- **Dados**: são solicitados os dados do produto, como NCM, descrição genérica que o Siscomex carrega na tela no momento em que a NCM for digitada e dados comerciais como o Incoterm negociado e o valor do produto em seu local de embarque. Nesse momento, o sistema solicita informação sobre *drawback* caso essa operação nele se enquadre. Assim como já dito em outras oportunidades, é essencial o conhecimento técnico e ter em mãos os documentos que amparam a solicitação da LI, uma vez que dados errados necessitarão ser corrigidos.

- **Informações detalhadas**: descreve-se o produto de maneira detalhada, e o sistema apresenta uma opção de inclusão, em que é possível acrescentar ou excluir itens. Pode ser acrescentado mais de um produto desde que tenham a mesma NCM. Caso o importador esteja solicitando LI para mais de um item com diferentes NCMs, é necessário um registro de licença para cada produto.
- **Forma de pagamento e regime de tributação**: também os órgãos anuentes necessitam conhecer os dados da negociação, e o Siscomex solicitará as informações relacionadas à forma de pagamento e ao regime de tributação. Os campos precedidos de **T** representam a existência de opções de menu para que o importador indique as informações solicitadas. Por exemplo, em código de regime de tributação, as opções variam de recolhimento integral, suspensão, isenção, etc. Se, ao preencher o campo de tributação, o importador indicar suspensão de impostos, o Siscomex automaticamente solicita o fundamento legal que ampara o benefício. É uma funcionalidade do sistema que ajuda na identificação de informações segundo o tipo de licença de importação.
- **Licença de importação**: uma tela digitável ainda é disponibilizada para a inclusão de informações que vão identificar o solicitante da LI, bem como informações que podem ajudar na análise da LI.

Algumas informações importantes referentes ao passo a passo acima: para solicitação de LI de produtos controlados pela Anvisa e Banco do Brasil é necessário recolher taxa de anuência. Outros órgãos anuentes podem solicitar recolhimento de taxa, e é necessário informar-se sobre os procedimentos necessários para o deferimento de LI depois do registro no Siscomex. Por exemplo, o Ministério da Agricultura, Pecuária e Abastecimento – Mapa solicita que, após o registro da LI para produtos de saúde animal no Siscomex, o importador entregue LI e requerimento de importação no posto do Mapa, para deferimento.

As operações sujeitas a LI pelo Decex têm aprovação acompanhada pelo Siscomex. Caso ocorra alguma alteração na importação após o deferimento de uma LI, dependendo da alteração, ela poderá ser feita por meio de registro de LI substitutiva. Nesse caso, o importador precisa prever que será necessário um determinado período de tempo para deferimento da substitutiva, caso esta não seja automática.

O objetivo dessas dicas é ajudar no planejamento da importação e permitir que o importador considere, em suas decisões, os prazos necessários para a solicitação e o deferimento de uma LI, diminuindo o risco de comprometimento do tempo de atendimento de um pedido, ou até mesmo o comprometimento da produção, por falta de um produto no momento certo.

Classificação fiscal de mercadorias

A classificação fiscal de mercadorias, que na prática significa identificar um produto de maneira precisa, tem um papel importante no comércio exterior, brasileiro e global, sobretudo na importação.

Caso alguém lhe pedisse que descrevesse uma cadeira, como você a descreveria? Fiz essa pergunta em sala de aula por diversas vezes, e as respostas seguiam sempre o mesmo raciocínio. Por unanimidade, tratava-se de um objeto para se sentar, com quatro pés, de madeira ou de ferro, ou um assento. Depois da resposta dos alunos, costumava fazer outra pergunta: como haviam deduzido que eu perguntava da cadeira para se sentar? Por que a haviam tomado por base? Não que estivessem errados, mas e se eu estivesse me referindo a uma cadeira de rodas? Ou a uma cadeira de dentista? Isso mostra, de maneira prática, o significado da classificação fiscal de mercadorias.

Tratando-se de classificação fiscal, o importador tem de tomar decisões importantes, uma vez que ela tem vários objetivos, como:

- colaborar com as estatísticas de comércio exterior;
- orientar sobre os impostos na importação;
- definir o tratamento administrativo;
- definir o benefício fiscal na importação;
- facilitar as operações de exportação e de importação.

Que relação pode haver entre a classificação fiscal e sua importância para as decisões do importador?

Se a classificação fiscal tem por objetivo orientar sobre os impostos incidentes na importação, o importador saberá quais alíquotas do II, IPI,

PIS/Pasep, Cofins e ICMS incidirão sobre o produto importado. Uma vez que ela também define o tratamento administrativo, o importador saberá, por exemplo, se há ou não necessidade de LI e, ainda considerando que ela orienta sobre os benefícios fiscais, poderá fazer uma análise desses benefícios e de quanto eles vão representar em redução da carga tributária. Todos esses dados, se conhecidos pelo importador, com certeza lhe darão base para que decida importar ou não e, mais ainda, para que saiba qual o custo-benefício da importação e se posicione em relação a seu mercado-alvo.

Lembro-me de que uma empresa, ao iniciar seu envolvimento no comércio exterior, fez contato com um fornecedor chinês e solicitou que lhe fosse enviada uma cotação para a importação de produtos de tecnologia. Com a proposta na mão, o importador efetuou o fechamento de câmbio no valor de quase US$ 5 mil e, por fim, autorizou o embarque. Acontece que o produto negociado deveria, antes do embarque, passar por tratamento administrativo, o que não foi providenciado. Um procedimento que deveria ter sido realizado era a homologação do produto junto ao órgão anuente. Como isso não foi feito, ao chegar ao Brasil, o produto parou na alfândega, e a liberação só aconteceu após o cumprimento de todos os procedimentos necessários à importação do produto. O importador cumpriu tudo o que foi necessário, mas isso demorou quase três meses. Um risco enorme para qualquer importador.

A linguagem da classificação fiscal

No mercado global são necessários alguns procedimentos-padrão para a prática do comércio internacional, os quais facilitam a vida das empresas que exportam e importam. Esses procedimentos são o resultado de estudos, pesquisas, análises de dados, evolução do comércio exterior, aprimoramento da logística, globalização, acesso a mercados internacionais, rodadas de discussões, entre tantos outros fatores. A classificação fiscal de mercadorias é o resultado de um desses estudos, com o objetivo de estabelecer um padrão que permita facilitar o entendimento sobre alguns aspectos que envolvem a importação e a exportação.

A Organização Mundial das Aduanas, sediada em Bruxelas, na Bélgica, organização intergovernamental com aproximadamente 170 países-membros, entre suas atividades desenvolveu um sistema padronizado de codificação e identificação de mercadorias, conhecido como *Harmonized System Code* – Sistema Harmonizado –, e como parte do acordo para a padronização dessa codificação os países devem tomá-lo como base para definir suas tarifas. Dessa maneira, a linguagem usada para a identificação de produtos negociados no comércio internacional contribui para a simplificação e facilitação comercial.

O Sistema Harmonizado está estruturado em 21 seções, 96 capítulos, regras de interpretação e notas explicativas que orientam sobre a classificação fiscal de mercadorias. Essa estrutura define as categorias de produtos que, ao serem analisadas e aplicadas às regras de classificação fiscal, passam por um processo de desmembramento até que se tenha, de maneira clara, definido o *HS Code* de um produto.

Vejamos um exemplo:

***HS Code* para cloreto de sódio**: 2501.00

Seção V: produtos minerais;

Capítulo 25: sal; enxofre; terras e pedras; gesso, cal e cimento;

2501.00: sal (incluindo-se o sal de mesa e o sal desnaturado) e cloreto de sódio puro, mesmo em solução aquosa ou adicionados de agentes antiaglomerantes ou de agentes que assegurem boa fluidez; água do mar.

No exemplo acima, o *HS Code* está representado pelos seis dígitos da classificação, nos quais **V** é a seção; **25** é o capítulo dentro da seção; **01** é a posição em que o produto aparece dentro da posição, e **00**, a subposição dentro da posição.

Na prática, o que temos é que a posição é o desmembramento do capítulo, e a subposição é o desmembramento da posição. Essa interpretação é parte do processo de classificação fiscal de mercadorias.

Com base no Sistema Harmonizado, o Brasil adotou sua nomenclatura regional de classificação fiscal de mercadorias com oito dígitos. Sendo assim, regionalmente o Brasil tem a Nomenclatura Comum do Mercosul (NCM). A expressão regionalmente aparece aqui por causa do Mercosul, uma vez que durante as negociações sobre o processo de integração os países-membros[14] adotaram essa nomenclatura. A seguir, um exemplo de NCM:

9602.00.20: colmeias artificiais;

Seção XX: mercadorias e produtos diversos;

Capítulo 96: obras diversas;

Posição e subposição: 0200 – matérias vegetais ou minerais de entalhar, trabalhadas, e suas obras; obras moldadas ou entalhadas de cera, parafina, estearina, gomas ou resinas naturais, de pastas de modelar, e outras obras moldadas ou entalhadas não especificadas nem compreendidas noutras posições; gelatina não endurecida, trabalhada, exceto a da posição 3503, e obra de gelatina não endurecida;

Item e subitem (os dois últimos dígitos): 20 – colmeias artificiais.

Antes de se chegar à NCM 9602.00.20, tem-se a NCM de item e subitem 9602.00.10, que classifica cápsulas de gelatina digeríveis.

Estabelecendo a relação entre o Sistema Harmonizado e a NCM, temos que: 9602.00 corresponde ao Sistema Harmonizado, e 9602.00.20 à NCM. Na prática, pode-se dizer que o número 20 representa o item e subitem e refere-se ao desmembramento da subposição 00 e, dessa forma, confere detalhamento maior ao produto no momento de sua classificação fiscal.

Embora a classificação fiscal tenha um padrão a ser seguido, isso não significa que a interpretação dela será a mesma para qualquer classificador. Por exemplo, se abrir o capô de um carro, você vai observar que há um local que armazena a água que irá limpar o para-brisa. Como esse produto pode ser chamado? Talvez uma obra de plástico, ou quem sabe um reservatório, ou até mesmo um recipiente, ou ainda alguém pode achar que é parte e peça de veículo automotor. Cada uma dessas percepções sobre a denominação do produto vai levar a classificações diferentes. Mas e se isso acontecer?

Para dúvidas de classificação fiscal há um conjunto de regras de interpretação do Sistema Harmonizado, que descrevo a seguir e que foram extraídas do portal da RFB.[15]

---

[14] Argentina, Brasil, Paraguai e Uruguai.

[15] Disponível em http://www.receita.fazenda.gov.br/Aduana/TabelaTec/Introducao.htm. Acesso em 22-5-2013.

Regras gerais para interpretação do Sistema Harmonizado

A classificação das mercadorias na nomenclatura rege-se pelas seguintes regras:

1. Os títulos das seções, capítulos e subcapítulos têm apenas valor indicativo. Para os efeitos legais, a classificação é determinada pelos textos das posições e das notas de seção e de capítulo e, desde que não sejam contrárias aos textos das referidas posições e notas, pelas regras seguintes.
2. a) Qualquer referência a um artigo em determinada posição abrange esse artigo mesmo incompleto ou inacabado, desde que apresente, no estado em que se encontra, as características essenciais do artigo completo ou acabado. Abrange igualmente o artigo completo ou acabado, ou como tal considerado nos termos das disposições precedentes, mesmo que se apresente desmontado ou por montar.

   b) Qualquer referência a uma matéria em determinada posição diz respeito a essa matéria, quer em estado puro, quer misturada ou associada a outras matérias. Da mesma forma, qualquer referência a obras de uma matéria determinada abrange as obras constituídas inteira ou parcialmente dessa matéria. A classificação desses produtos misturados ou artigos compostos efetua-se conforme os princípios enunciados na regra 3.
3. Quando parecer que a mercadoria pode classificar-se em duas ou mais posições por aplicação da regra 2"b" ou por qualquer outra razão, a classificação deve efetuar-se da seguinte forma:

   a) A posição mais específica prevalece sobre as mais genéricas. Todavia, quando duas ou mais posições se refiram, cada uma delas, a apenas uma parte das matérias constitutivas de um produto misturado ou de um artigo composto, ou a apenas um dos componentes de sortidos acondicionados para venda a retalho, devem-se considerar tais posições, em relação a esses produtos ou artigos, como igualmente específicas, ainda que uma delas apresente uma descrição mais precisa ou completa da mercadoria.

b) Os produtos misturados, as obras compostas de matérias diferentes ou constituídas pela reunião de artigos diferentes e as mercadorias apresentadas em sortidos acondicionados para venda a retalho, cuja classificação não se possa efetuar pela aplicação da regra 3"a", classificam-se pela matéria ou artigo que lhes confira a característica essencial, quando for possível realizar essa determinação.

c) Nos casos em que as regras 3"a" e 3"b" não permitam efetuar a classificação, a mercadoria classifica-se na posição situada em último lugar na ordem numérica, entre as suscetíveis de validamento que se tomarem em consideração.

4. As mercadorias que não possam ser classificadas por aplicação das regras acima enunciadas classificam-se na posição correspondente aos artigos mais semelhantes.

5. Além das disposições precedentes, as mercadorias abaixo mencionadas estão sujeitas às seguintes regras:

a) Os estojos para aparelhos fotográficos, para instrumentos musicais, para armas, para instrumentos de desenho, para joias e receptáculos semelhantes, especialmente fabricados para conterem um artigo determinado ou um sortido, e suscetíveis de um uso prolongado, quando apresentados com os artigos a que se destinam, classificam-se com estes últimos, desde que sejam do tipo normalmente vendido com tais artigos. Esta regra, todavia, não diz respeito aos receptáculos que confiram ao conjunto a sua característica essencial.

b) Sem prejuízo do disposto na regra 5"a", as embalagens que contenham mercadorias classificam-se com estas últimas quando forem do tipo normalmente utilizado para o seu acondicionamento. Todavia, esta disposição não é obrigatória quando as embalagens forem claramente suscetíveis de utilização repetida.

6. A classificação de mercadorias nas subposições de uma mesma posição é determinada, para efeitos legais, pelos textos dessas subposições e das notas de subposição respectivas, assim como, *mutatis mutandis*,[16] pelas regras precedentes, entendendo-se que apenas são

---

16 "Mudar o que deve ser mudado."

comparáveis subposições do mesmo nível. Para os fins da presente regra, as notas de seção e de capítulo são também aplicáveis, salvo disposições em contrário.

Regra Geral Complementar (RGC)

1. (RGC-1) As Regras Gerais para Interpretação do Sistema Harmonizado se aplicarão, *mutatis mutandis*, para determinar, em cada posição ou subposição, o item aplicável e, neste último, o subitem correspondente, entendendo-se que apenas são comparáveis desdobramentos regionais (itens e subitens) do mesmo nível.
2. (RGC-2) As embalagens que contenham mercadorias e que sejam claramente suscetíveis de utilização repetida, mencionadas na regra 5 "b", seguirão seu próprio regime de classificação sempre que estejam submetidas aos regimes aduaneiros especiais de admissão temporária ou de exportação temporária. Caso contrário, seguirão o regime de classificação das mercadorias.

Tarifa Externa Comum (TEC)

Com a criação do Mercosul, em 1995, os países participantes estabeleceram procedimentos aduaneiros comuns entre si e adotaram a Tarifa Externa Comum, tendo como base a Nomenclatura Comum do Mercosul (NCM) e, assim, estabeleceram os impostos incidentes nas importações originárias de países que não fazem parte do bloco. Daí podemos concluir que o nome *tarifa externa* se deve ao fato de os direitos tributários serem aplicados em relação a países terceiros e *comum* por ser adotada pelos países-membros do Mercosul. Portanto, a NCM e a TEC são resultados das discussões sobre o processo de integração regional para estabelecer os procedimentos aduaneiros padronizados no Mercosul.

A TEC está estruturada em 21 seções e 97 capítulos e ainda em dois capítulos, 98 e 99, que são reservados para uso dos países do Mercosul. O portal da RFB dá informações sobre essa estrutura, trazendo os capítulos que constam em cada uma das seções.[17]

---

17 Disponível em http://www.receita.fazenda.gov.br/Aduana/TabelaTec/Introducao.htm. Acesso em 22-5-2013.

A seguir, o resumo dessa estrutura extraída do portal da RFB:

Seção I: Animais Vivos e Produtos do Reino Animal

Capítulos:

1. Animais vivos
2. Carnes e miudezas, comestíveis
3. Peixes e crustáceos, moluscos e outros invertebrados aquáticos
4. Leite e laticínios; ovos de aves; mel natural; produtos comestíveis de origem animal, não especificados nem compreendidos em outros capítulos
5. Outros produtos de origem animal, não especificados nem compreendidos em outros capítulos

Seção II: Produtos do Reino Vegetal

Capítulos:

6. Plantas vivas e produtos de floricultura
7. Produtos hortícolas, plantas, raízes e tubérculos comestíveis
8. Frutas; cascas de cítricos e de melões
9. Café, chá, mate e especiarias
10. Cereais
11. Produtos da indústria de moagem; malte; amidos e féculas; inulina; glúten de trigo
12. Sementes e frutos oleaginosos; grãos, sementes e frutos diversos; plantas industriais ou medicinais; palhas e forragens
13. Gomas, resinas e outros sucos e extratos vegetais
14. Matérias para entrançar e outros produtos de origem vegetal, não especificados nem compreendidos em outros capítulos

Seção III: Gorduras e Óleos Animais ou Vegetais; Produtos da sua Dissociação; Gorduras Alimentares Elaboradas; Ceras de Origem Animal ou Vegetal

Capítulo:

15. Gorduras e óleos animais ou vegetais; produtos da sua dissociação; gorduras alimentares elaboradas; ceras de origem animal ou vegetal

Seção IV: Produtos das Indústrias Alimentares; Bebidas, Líquidos Alcoólicos e Vinagres; Fumo (Tabaco) e seus Sucedâneos Manufaturados

Capítulos:

16. Preparações de carne, de peixes ou de crustáceos, de moluscos ou de outros invertebrados aquáticos
17. Açúcares e produtos de confeitaria
18. Cacau e suas preparações
19. Preparações à base de cereais, farinhas, amidos, féculas ou de leite; produtos de pastelaria
20. Preparações de produtos hortícolas, de frutas ou de outras partes de plantas
21. Preparações alimentícias diversas
22. Bebidas, líquidos alcoólicos e vinagres
23. Resíduos e desperdícios das indústrias alimentares; alimentos preparados para animais
24. Fumo (tabaco) e seus sucedâneos manufaturados

Seção V: Produtos Minerais

Capítulos:

25. Sal; enxofre; terras e pedras; gesso, cal e cimento
26. Minérios, escórias e cinzas

27. Combustíveis minerais, óleos minerais e produtos da sua destilação; matérias betuminosas; ceras minerais

Seção VI: Produtos das Indústrias Químicas ou das Indústrias Conexas

Capítulos:

28. Produtos químicos inorgânicos; compostos inorgânicos ou orgânicos de metais preciosos, de elementos radioativos, de metais das terras raras ou de isótopos
29. Produtos químicos orgânicos
30. Produtos farmacêuticos
31. Adubos ou fertilizantes
32. Extratos tanantes e tintoriais; taninos e seus derivados; pigmentos e outras matérias corantes; tintas e vernizes; mástiques; tintas de escrever
33. Óleos essenciais e resinoides; produtos de perfumaria ou de toucador preparados e preparações cosméticas
34. Sabões, agentes orgânicos de superfície, preparações para lavagem, preparações lubrificantes, ceras artificiais, ceras preparadas, produtos de conservação e limpeza, velas e artigos semelhantes, massas ou pastas para modelar, "ceras" para dentistas e composições para dentistas à base de gesso
35. Matérias albuminoides; produtos à base de amidos ou de féculas modificados; colas; enzimas
36. Pólvoras e explosivos; artigos de pirotecnia; fósforos; ligas pirofóricas; matérias inflamáveis
37. Produtos para fotografia e cinematografia
38. Produtos diversos das indústrias químicas

Seção VII: Plásticos e suas Obras; Borracha e suas Obras

Capítulos:

39. Plásticos e suas obras
40. Borracha e suas obras

Seção VIII: Peles, Couros, Peleteria (Peles com pelo) e Obras dessas Matérias; Artigos de Correeiro ou de Seleiro; Artigos de Viagem, Bolsas e Artefatos Semelhantes; Obras de Tripa

Capítulos:

41. Peles, exceto a peleteria (peles com pelo) e couros
42. Obras de couro; artigos de correeiro ou de seleiro; artigos de viagem, bolsas e artefatos semelhantes; obras de tripa
43. Peleteria (peles com pelo) e suas obras; peleteria (peles com pelo) artificial

Seção IX: Madeira, Carvão Vegetal e Obras de Madeira; Cortiça e suas Obras; Obras de Espartaria ou de Cestaria

Capítulos:

44. Madeira, carvão vegetal e obras de madeira
45. Cortiça e suas obras
46. Obras de espartaria ou de cestaria

Seção X: Pastas de Madeira ou de outras Matérias Fibrosas Celulósicas; Papel ou Cartão de Reciclar (Desperdícios e Aparas); Papel ou Cartão e suas Obras

Capítulos:

47. Pastas de madeira ou de outras matérias fibrosas celulósicas; papel ou cartão de reciclar (desperdícios e aparas)

48. Papel e cartão; obras de pasta de celulose, de papel ou de cartão
49. Livros, jornais, gravuras e outros produtos das indústrias gráficas; textos manuscritos ou datilografados, planos e plantas

Seção XI: Matérias Têxteis e suas Obras

Capítulos:

50. Seda
51. Lã, pelos finos ou grosseiros; fios e tecidos de crina
52. Algodão
53. Outras fibras têxteis vegetais; fios de papel e tecidos de fios de papel
54. Filamentos sintéticos ou artificiais
55. Fibras sintéticas ou artificiais, descontínuas
56. Pastas ("ouates"), feltros e falsos tecidos; fios especiais; cordéis, cordas e cabos; artigos de cordoaria
57. Tapetes e outros revestimentos para pavimentos de matérias têxteis
58. Tecidos especiais; tecidos tufados; rendas; tapeçarias; passamanarias; bordados
59. Tecidos impregnados, revestidos, recobertos ou estratificados; artigos para usos técnicos de matérias têxteis
60. Tecidos de malha
61. Vestuário e seus acessórios, de malha
62. Vestuário e seus acessórios, exceto de malha
63. Outros artefatos têxteis confeccionados; sortidos; artefatos de matérias têxteis, calçados, chapéus e artefatos de uso semelhante, usados; trapos

Seção XII: Calçados, Chapéus e Artefatos de Uso Semelhante, Guarda-Chuvas, Guarda-Sóis, Bengalas, Chicotes, e suas Partes; Penas Preparadas e suas Obras; Flores Artificiais; Obras de Cabelo

Capítulos:

64. Calçados, polainas e artefatos semelhantes e suas partes
65. Chapéus e artefatos de uso semelhante e suas partes
66. Guarda-chuvas, sombrinhas, guarda-sóis, bengalas, bengalas-assentos, chicotes, rebenques e suas partes
67. Penas e penugem preparadas e suas obras; flores artificiais; obras de cabelo

Seção XIII: Obras de Pedra, Gesso, Cimento, Amianto, Mica ou de Matérias Semelhantes; Produtos Cerâmicos; Vidro e suas Obras

Capítulos:

68. Obras de pedra, gesso, cimento, amianto, mica ou de matérias semelhantes
69. Produtos cerâmicos
70. Vidro e suas obras

Seção XIV: Pérolas Naturais ou Cultivadas, Pedras Preciosas ou Semipreciosas e Semelhantes, Metais Preciosos, Metais Folheados ou Chapeados de Metais Preciosos e suas Obras; Bijuterias; Moedas

Capítulo:

71. Pérolas naturais ou cultivadas, pedras preciosas ou semipreciosas e semelhantes, metais preciosos, metais folheados ou chapeados de metais preciosos c suas obras; bijuterias; moedas

Seção XV: Metais Comuns e suas Obras

Capítulos:

72. Ferro fundido, ferro e aço
73. Obras de ferro fundido, ferro ou aço
74. Cobre e suas obras
75. Níquel e suas obras
76. Alumínio e suas obras
77. (Reservado para uma eventual utilização futura no Sistema Harmonizado)
78. Chumbo e suas obras
79. Zinco e suas obras
80. Estanho e suas obras
81. Outros metais comuns; ceramais ("cermets"); obras dessas matérias
82. Ferramentas, artefatos de cutelaria e talheres, e suas partes, de metais comuns
83. Obras diversas de metais comuns

Seção XVI: Máquinas e Aparelhos, Material Elétrico e suas Partes; Aparelhos de Gravação ou de Reprodução de Som, Aparelhos de Gravação ou de Reprodução de Imagens e de Som em Televisão e suas Partes e Acessórios

Capítulos:

84. Reatores nucleares, caldeiras, máquinas, aparelhos e instrumentos mecânicos e suas partes
85. Máquinas, aparelhos e materiais elétricos e suas partes; aparelhos de gravação ou de reprodução de som, aparelhos de gravação ou de reprodução de imagens e de som em televisão e suas partes e acessórios

Seção XVII: Material de Transporte

Capítulos:

86. Veículos e material para vias férreas ou semelhantes e suas partes; aparelhos mecânicos (incluídos os eletromecânicos) de sinalização para vias de comunicação
87. Veículos automóveis, tratores, ciclos e outros veículos terrestres, suas partes e acessórios
88. Aeronaves e aparelhos espaciais e suas partes
89. Embarcações e estruturas flutuantes

Seção XVIII: Instrumentos e Aparelhos de Óptica, Fotografia ou Cinematografia, Medida, Controle ou Precisão; Instrumentos e Aparelhos Médico-Cirúrgicos; Aparelhos de Relojoaria; Instrumentos Musicais; suas Partes e Acessórios

Capítulos:

90. Instrumentos e aparelhos de óptica, fotografia ou cinematografia, medida, controle ou precisão; instrumentos e aparelhos médico-cirúrgicos; suas partes e acessórios
91. Aparelhos de relojoaria e suas partes
92. Instrumentos musicais; suas partes e acessórios

Seção XIX: Armas e Munições; suas Partes e Acessórios

Capítulo:

93. Armas e munições; suas partes e acessórios

Seção XX: Mercadorias e Produtos Diversos

Capítulos:

94. Móveis; mobiliário médico-cirúrgico; colchões, almofadas e semelhantes; aparelhos de iluminação não especificados nem compreendidos em outros capítulos; anúncios, cartazes ou tabuletas e placas indicadoras luminosas, e artigos semelhantes; construções pré-fabricadas
95. Brinquedos, jogos, artigos para divertimento ou para esporte; suas partes e acessórios
96. Obras diversas

Seção XXI: Objetos de Arte, de Coleção e Antiguidades

Capítulos:

97. Objetos de arte, de coleção e antiguidades
98. (Reservado para usos especiais pelas partes contratantes)
99. (Reservado para usos especiais pelas partes contratantes)

Para entender mais sobre a TEC, o MDIC apresenta dados e informações úteis em seu portal.

A classificação fiscal de mercadorias é uma etapa essencial do planejamento e do suporte às decisões do importador, portanto faça-a com muita atenção. Para classificá-las, é preciso conhecer muito bem o produto e, se não for esse o caso, informe-se com quem está tecnicamente preparado para entender o produto.

Não é difícil acontecer de a pessoa que detém o conhecimento sobre determinado produto não dominar as regras de classificação. Saiba que classificar mercadorias pode ser um trabalho conjunto. Em caso de dúvidas sobre classificação fiscal de mercadorias, elas podem ser submetidas à Receita Federal do Brasil. A desclassificação fiscal de mercadoria acarreta multa prevista no artigo 711 do Regulamento Aduaneiro, Decreto nº 6.759/2009. Não classifique a mercadoria na NCM com alíquota menor de imposto, mas sim com base nas regras de classificação fiscal de mercadorias.

Impostos, despesas e contribuições na importação

A seguir, você vai saber quais os impostos, despesas e contribuições incidentes na importação e algumas características deles. As informações sobre a carga tributária serão definidas pela NCM e, ao errar a classificação, além de o importador estar sujeito à penalidade de multa, poderá recolher menos ou mais impostos, gerando desgaste no processo de importação.

Imposto de Importação(II): o recolhimento do II é feito por débito em conta corrente no momento do registro da Declaração de Importação no Siscomex, e sua base de cálculo é o valor aduaneiro, ou seja, o custo, o seguro e o frete internacional.

Imposto sobre Produtos Industrializados (IPI): assim como o II, o recolhimento é feito por débito em conta corrente, e sua base de cálculo é o valor aduaneiro mais o imposto de importação.

Programa de Integração Social e Programa de Formação do Patrimônio Público (PIS/Pasep): é recolhido no momento do registro da DI por débito em conta corrente, e sua base de cálculo é o valor aduaneiro.

Contribuição para o Financiamento da Seguridade Social (Cofins): a Cofins na importação, da mesma forma que os demais impostos, é recolhida no momento do registro da DI e tem como base de cálculo o valor aduaneiro.

Imposto sobre Circulação de Mercadorias e Serviços (ICMS): o ICMS na importação é recolhido na instituição bancária por guia de arrecadação e tem como base de cálculo:

ICMS – {(CIF + II + IPI + IOF + despesas aduaneiras + demais impostos, taxas e contribuições)} / fator conforme o Estado × alíquota.

Diferentemente do que acontece na exportação, ao registrar uma importação no Siscomex, o importador recolhe uma taxa de utilização do sistema que varia de acordo com a quantidade de adição de uma declaração de importação. Além disso, faz-se o cálculo com o ICMS como base de cálculo dele próprio.

Acréscimo do valor aduaneiro CIF

Nas importações marítimas, a *capatazia*[18] entra como acréscimo do valor aduaneiro CIF para efeito de cálculo dos impostos.

Para que o entendimento fique mais claro sobre como calcular os impostos devidos na importação, embora atualmente as planilhas façam essa conta, apresento a seguir uma simulação.

Exemplo de cálculo:

Valor aduaneiro = CIF (+ *Capatazias*)

Considerando o valor aduaneiro = R$ 67.772,92

II = VA x alíquota do II (20% para este exemplo) = R$ 67.772,92 × 20% = R$ 13.554,58

IPI = (VA + II) × **alíquota do IPI** (0% para este exemplo) = (R$ 67.772,92 + R$ 13.554,58) × 0% = R$ 0,00

PIS/Pasep na importação = VA × alíquota do PIS (2,10% para este exemplo) = 67.772,92 × 2,10% = R$ 1.423,23

Cofins na importação = VA × alíquota da Cofins (10,65% para este exemplo) = 67.772,92 × 10,65% = R$ 7.217,82

ICMS = base de cálculo x 18% = (R$ 67.772,92 + R$ 13.554,58 + R$ 1.423,23 + R$ 7.217,82 + R$ 214,50)/0,82 = R$ 109.979,32 × 18% = R$ 19.796,28

Ao se utilizar o coeficiente 0,82 (que é a diferença entre 100% - 18% / 100 = 0,82) no cálculo do ICMS, ele passa a fazer parte de sua base de cálculo. É importante observar o regulamento e a alíquota do ICMS para cada estado da federação, já que nessa simulação foi considerado o ICMS para o estado de São Paulo.

O importador precisa desenvolver um planejamento de custos de importação e verificar possíveis benefícios fiscais aplicados ao produto do qual está fazendo o estudo, tais como suspensão tributária, redução ou isenção de impostos, redução da base de cálculo.

---

18 Movimentação de mercadoria nos terminais de carga.

Despesas de um processo de importação

Quais são, além dos tributos, taxas e contribuições, os custos que devem ser considerados no processo de compra de importados? Se o importador conseguir reunir os custos de logística, custos com prestação de serviços de desembaraço e outros serviços, além dos custos financeiros, estará capacitado para fazer uma boa previsão financeira e tomar a decisão pela importação. Mas, por exemplo, os custos com logística não se relacionam apenas ao transporte de carga. Transporte interno e transporte internacional, armazenagem e movimentação de carga e distribuição são fatores logísticos a serem considerados. Também é importante não esquecer os custos para arcar com a burocracia, emissão de documentos, licença de importação e taxas de banco.

Sem ter a pretensão de destacar todos os demais custos envolvidos, oriento sobre alguns:

Adicional de Frete para Renovação da Marinha Mercante – AFRMM: corresponde a 25% do valor do frete internacional marítimo e deve ser recolhido na importação, a menos que o importador tenha o benefício da suspensão desse adicional. Como é uma despesa aduaneira, entra na base de cálculo do ICMS.

Armazenagem: valor devido ao armazém em zona primária ou secundária por período, conforme a prática comercial de cada terminal.

Taxas de embarque devidas aos agentes de carga: *collect fee, delivery fee*, taxa administrativa, etc.

Comissão do despachante aduaneiro: varia conforme a prática comercial de cada prestador de serviços.

Taxa do Sindicato dos Despachantes Aduaneiros (SDA): apesar de os sindicatos sugerirem uma tabela escalonada para cobrança, o profissional despachante aduaneiro pode definir o valor dessa taxa.

Transporte interno: valor do transporte para entrega do produto ao importador.

Taxa de utilização do Siscomex, conforme tabela a seguir (Portaria MF nº 257/2011 e IN RFB nº 1.158/2011):

- R$ 185,00 por declaração de importação (DI) e
- R$ 29,50 para cada adição da DI, observado o seguinte:
  - R$ 29,50 até a 2ª adição;
  - R$ 23,60 da 3ª à 5ª adição;
  - R$ 17,70 da 6ª à 10ª adição;
  - R$ 11,80 da 11ª à 20ª adição;
  - R$ 5,90 da 21ª à 50ª adição;
  - R$ 2,95 a partir da 51ª adição.

São muitas as leis sobre comércio exterior, o que, na prática, não facilita muito a vida do importador e do exportador, mas, independentemente disso, é essencial que as decisões sobre comércio exterior passem por uma análise criteriosa de mercado, de oportunidades, de custos e tributos, etc. Para atender a mercados exigentes como os de hoje, é preciso agregar valor ao produto, e uma das formas de o fazer é gerir custos com responsabilidade sem comprometer a qualidade.

Desembaraço aduaneiro na importação

Você já leu sobre os documentos que instruem a respeito do desembaraço aduaneiro, mas vamos relembrá-los: fatura comercial, *packing list* e conhecimento de embarque. Na importação, esses documentos serão a base de dados para o registro da declaração de importação (DI) no Siscomex, momento em que se inicia o desembaraço aduaneiro. Todo o acompanhamento do desembaraço aduaneiro é feito diretamente no sistema, que está preparado para fornecer uma série de informações desde o momento em que a DI é registrada. É o desembaraço aduaneiro que autoriza a entrega da mercadoria ao importador.

As informações da DI estão divididas da seguinte forma:

1. Informações sobre o importador, seu representante legal, valor da mercadoria no local de embarque (VMLE), valor da mercadoria no local de desembaraço (VMLD), valor dos impostos e local de desembaraço, que compõem a capa da DI.

2. Informações sobre a referência do importador, solicitação de benefício fiscal, retificação de DI, número do conhecimento de embarque, identificação de contêiner, composição do valor CIF da mercadoria, número da fatura comercial, taxa de conversão do dólar e outras informações de interesse do importador que compõem os dados complementares.
3. Informações da mercadoria, NCM, fornecedor, valor unitário e total, tributos a serem recolhidos e as características cambiais que compõem a adição da DI e que vão influenciar o cálculo da taxa de utilização do Siscomex.

A seguir apresentamos o passo a passo para registro da DI no Siscomex.

Etapa 1 – É solicitado informar o tipo de operação: importação comum, importação temporária, entreposto aduaneiro, etc:

Etapa 2 – São registradas as informações do importador:

a) pessoa jurídica ou física;

b) CNPJ ou CPF;

c) caracterização da operação: própria ou se por conta e ordem;

d) se é ou não uma operação Fundap.

Etapa 3 – Nesse momento, o Siscomex solicita o que chama de informações básicas:

a) unidade da receita onde ocorrerá o despacho aduaneiro da mercadoria;

b) indicação (nome e número) dos documentos de instrução do despacho;

c) se há ou não algum processo vinculado;

d) modalidade do despacho: normal, simplificado, antecipado, etc.

Etapa 4 – Inserção dos dados do transporte internacional, como:

a) modal, número do conhecimento de embarque, local de embarque;

b) número do Manifesto de Carga, que é fornecido pelo terminal portuário, nos casos de transporte marítimo, ou por meio do Mantra, nos casos de embarque aéreo. Em caso de remoção para o Eadi, no Documento de Chegada da Carga deve constar o número da Declaração de Trânsito Aduaneiro (DTA).

Etapa 5 – Dados da carga:

a) país de procedência;

b) unidade da Receita onde será feito o despacho aduaneiro;

c) data da chegada da carga ao Brasil;

d) peso bruto e líquido;

e) local de armazenamento da carga.

Esses dados podem ser adquiridos nos documentos de embarque da mercadoria no exterior.

Etapa 6 – Ainda são dados relativos à carga:

a) valor das mercadorias;
b) moeda de negociação;
c) valor do frete internacional;
d) condição de frete: se pago na origem ou a pagar no Brasil;
e) valor e moeda do seguro internacional.

Etapa 7 – Ainda são solicitadas estas informações sobre a carga:

a) país de procedência e

b) declaração estrangeira, se houver.

Observação: por exemplo, importação cuja origem seja a Argentina (Mercosul) – o sistema solicita a inclusão da declaração de exportação estrangeira, o equivalente ao Registro de Exportação (RE), porém da Argentina.

Etapa 8 – São informados os valores dos impostos a serem debitados em conta corrente e os dados da conta. Embora os impostos sejam inseridos manualmente, o cálculo para apuração do valor devido é feito pelo sistema à medida que as informações vão sendo lançadas. É necessário informar:

a) banco;

b) agência;

c) conta corrente;

d) valor de impostos por código:

e) código 86 – imposto de importação;

f) código 1038 – IPI;

g) código 5602 – PIS/Pasep;

h) código 5629 – Cofins.

Etapa 9 – Assim como visto na solicitação de licença de importação, é uma tela para lançamento de dados complementares. Nesse campo, são lançadas informações sobre os cálculos dos impostos, informações sobre a carga, nome dos representantes legais do importador e demais dados conforme orientação do local de desembaraço aduaneiro. São dados muitas vezes solicitados pela aduana onde será feito o desembaraço aduaneiro e dados que colaborem com esse processo, além de identificarem o responsável pela elaboração da Declaração de Importação.

Etapa 10 – Dados do fabricante e exportador:

a) nome e endereço do exportador;

b) nome e endereço do fabricante caso este seja diferente do exportador;

c) se há vinculação entre comprador e vendedor e se essa vinculação influencia o preço de venda.

Etapa 11 – O Siscomex pede outros dados da mercadoria até então não solicitados:

a) NCM do produto com possibilidade de incluir vários produtos de mesma NCM;

b) aplicação da importação: revenda ou consumo;

c) condição da mercadoria: material usado ou bem sob encomenda;

d) outros dados relacionados à NCM.

Etapa 12 – Nessa etapa são preenchidas as informações comerciais do produto, como quantidade e preço unitário. A especificação do produto deve ser a mais detalhada possível, cabendo ao importador colocar referências, números de lote e demais características do seu produto. A falta de alguma informação, em caso de canal vermelho de liberação, pode gerar a necessidade de retificação exigida pela fiscalização.

Etapa 13 – Nesse momento são informados atributos de produtos, se for o caso. O preenchimento dessa tela dependerá da NCM e do produto importado. Nem todos necessitam desses dados. A NVE – Nomenclatura de Valor Aduaneiro e Estatístico tem por finalidade identificar produtos importados para efeitos de verificação de preço e individualização do produto. Essa informação pode ser obtida na TEC (Tarifa Externa Comum).

Etapa 14 – Para importação originária de países do Mercosul, por exemplo, será necessária a inclusão nessa tela dos documentos de exportação que ampararam a saída da mercadoria em seu país de origem. É preenchida somente em casos específicos.

Etapa 15 – São informados a base da negociação internacional, o Incoterm e o valor da mercadoria. Os campos de valor na moeda e valor total em real são alimentados automaticamente pelo sistema com base nos dados do produto informados nas etapas anteriores. Caso a importação seja no modal marítimo, o valor da *capatazia* será lançado como acréscimo e fará parte da base de cálculo dos impostos. Para isso, nessa etapa de lançamento de dados, o sistema abre um campo específico para lançamento de acréscimos, deduções e complemento.

Etapa 16 – Informações sobre o recolhimento do Imposto de Importação (II). Muitas das informações constantes nessa etapa serão preenchidas automaticamente com base nas informações anteriores. Caberá ao importador indicar nesse momento:

a) se a importação goza de algum benefício tributário;

b) o fundamento legal desse benefício.

Nesse momento, o sistema fará a composição dos impostos devidos e a recolher da importação para II, IPI, PIS/Pasep e Cofins. Pode acontecer de o produto ser tarifado com direitos *antidumping*, que também deverá constar nessa tela. A aplicação de direito *antidumping* é verificada pela NCM.

Etapa 17 – O sistema mostra o valor do IPI, a alíquota do IPI e, se houver benefício, o benefício aplicado, o valor devido e a recolher.

Etapa 18 – O sistema mostra o valor do PIS/Pasep devido, a alíquota do PIS/Pasep e, se houver benefício, o benefício aplicado, o valor devido e a recolher.

Etapa 19 – O sistema mostra o valor do *antidumping*, se for devido, sua base de cálculo e fundamento legal:

a) ato legal;

b) órgão emissor;

c) número e ano.

Etapa 20 – Nesse momento, o sistema já terá montado os valores devidos e a recolher dos impostos. São esses valores que serão transportados para a tela de pagamento dos impostos descritos da etapa 8, na qual os dados de conta corrente foram informados. Os valores a recolher podem ser diferentes dos valores devidos, caso a importação tenha algum benefício, como redução tributária, que nesse caso deverá ter sido previamente informado a partir da etapa 16.

Etapa 21 – Nessa tela, são informados os dados relativos à negociação da forma de pagamento.

a) se a importação tem cobertura cambial ou não;

b) se há comissão de agente ou não e, se houver, o porcentual deverá ser indicado;

c) o prazo de pagamento: antecipado; pagamento à vista ou a prazo.

Observações:

1. Se o importador informar que o pagamento da importação será a prazo, o sistema irá solicitar a composição da forma de pagamento (se em parcelas ou não).

2. Nos dados sobre o pagamento, caso o importador tenha negociado prazo de pagamento superior a 360 dias, é necessário, antes do re-

gistro da DI, que ele providencie junto à instituição bancária o registro dessa operação por meio do Registro de Operações Financeiras – ROF –, que terá seu número de registro vinculado a essa tela.

Como se pode perceber no passo a passo apresentado, o registro de uma DI exige uma série de dados complexos de natureza comercial, financeira, cambial e tributária, e a base desses dados são os documentos que suportam a negociação, como a fatura comercial, o conhecimento de embarque, o contrato de câmbio, entre outros já tratados neste livro. Isso significa que, se o importador estabelecer um procedimento interno de conferência e validação de documentos emitidos pelo fornecedor internacional antes de a carga ter sido embarcada na origem, muitos problemas poderão ser evitados na alfândega brasileira, e, além disso, o risco na importação será diminuído. Nem sempre as melhores estratégias são as mais complexas.

Canais de parametrização

Assim como na exportação, a parametrização é feita pelo Siscomex e, na importação, ocorre após o registro da DI. Depois do registro, basta acompanhar o andamento no sistema, pela opção *Acompanhamento do despacho*. A seguir, os canais de parametrização na importação.

- **Canal verde**: o produto parametrizado nesse canal estará desembaraçado sem conferência.
- **Canal amarelo**: o produto parametrizado nesse canal passará pela conferência documental.
- **Canal vermelho**: o produto parametrizado nesse canal passará pela conferência física.
- **Canal cinza**: o produto parametrizado nesse canal passará pela análise documental e física e ainda pela verificação e apuração de fraude no processo de importação e comprovação de preço declarado na DI.

Mesmo processos parametrizados e desembaraçados em canal verde podem ser alvo de fiscalização. Por determinação da legislação, o importador precisa manter seus documentos de importação armazenados por cinco anos, período em que pode ocorrer a revisão aduaneira.

Regimes Aduaneiros Especiais

Como já dito em outro momento neste livro, é importante explorar as possibilidades de atuação no comércio exterior e, por meio dos Regimes Aduaneiros Especiais, assim como na exportação, o importador pode definir sua estratégia de atuação. Daremos destaque a dois Regimes Aduaneiros Especiais, descritos a seguir.

- **Admissão temporária**: regime aduaneiro especial que permite a importação de produtos para feiras e eventos em geral com a suspensão dos impostos incidentes na importação por um período de até um ano, prorrogável uma única vez por igual período.

  Embora o prazo inicial possa ser de até um ano, cabe à autoridade aduaneira deferir o prazo com base na finalidade da admissão temporária. Nesse regime aduaneiro especial, o produto, ao final do prazo de vigência do regime, deverá ser devolvido, nacionalizado ou destruído, sob acompanhamento da autoridade aduaneira. É uma ótima oportunidade para explorar mercado e avaliar a aceitabilidade de um produto, entre outros objetivos. Ainda nesse regime, é permitida a importação de máquinas e equipamentos em caráter temporário, com o recolhimento proporcional de impostos durante o tempo de vigência do regime. Por isso, o importador deve consultar a legislação vigente para saber dos procedimentos e documentos necessários.

- **Entreposto aduaneiro**: regime aduaneiro especial que permite a importação com suspensão dos impostos para produtos a serem armazenados sob fiscalização da autoridade aduaneira. Nesse regime aduaneiro especial, o importador pode, por exemplo, ter um estoque estratégico e manter, armazenados no Brasil, produtos importados e fazer a liberação aduaneira de acordo com a demanda do produto. Nesse regime, que tem validade inicial de até um ano, prorrogável por mais um, o importador poderá fazer a liberação alfandegária parcialmente, ou seja, ele nacionaliza apenas a quantidade vendida. Isso colabora, por exemplo, com o fluxo de caixa da empresa importadora. O importador ainda poderá exportar o produto, ou mesmo fazer sua devolução.

  É uma opção bastante interessante quando se pensa em negócios de importação. Para usá-lo, verifique a legislação vigente e as condições de atuação nesse regime aduaneiro especial.

Roteiro básico de importação

A seguir, apresentamos um passo a passo de todas as etapas necessárias para o profissional ser um importador bem-sucedido. Esse roteiro deve ser visto apenas como referência, já que cada importador precisa considerar as características de seu negócio para, de acordo com ele, desenvolver um roteiro que atenda a suas expectativas e a seu modo de operação.

Embora o fechamento do câmbio não conste desse roteiro, em algum momento o importador fará o pagamento ao fornecedor em conformidade com o que for definido na negociação.

- Pesquisa de mercado e identificação de fornecedores estrangeiros.
- Análise de fornecedores e validação.
- Recebimento de cotações de fornecedores estrangeiros.
- Análise da classificação fiscal.
- Análise de custos.
- Análise da cotação.
- Definição dos pontos-chave: Incoterms, forma de pagamento, necessidade de LI, etc.
- Envio do pedido de compra ao fornecedor estrangeiro.
- *Follow-up* da prontidão da carga.
- Emissão da instrução de embarque e envio desta ao fornecedor.
- Recebimento de cópia dos documentos de embarque:
  - Conferência dos documentos.
  - Ajustes no pedido, se necessário.
  - Validação dos documentos de embarque.
- Acompanhamento da coleta da carga junto ao fornecedor:
  - Acompanhamento do embarque junto ao fornecedor e agente embarcador.
- Recebimento do pré-aviso de embarque:

  - *Follow-up* da chegada da carga.
  - Envio das informações ao despachante aduaneiro.
  - *Follow-up* e rastreamento da chegada dos documentos originais.
  - Acompanhamento da chegada da carga ao Brasil.
- Recebimento dos documentos originais para desembaraço aduaneiro.
- Emissão da previsão de custos para programação do registro da DI.
- Aguardo da chegada da carga e liberação da presença de carga:
  - Se apresentar avaria, solicitar providências do seguro.
- Registro da Declaração de Importação no Siscomex.
- Recolhimento do ICMS.
- Registro do pagamento do ICMS no Siscomex.
- Se modal marítimo, recolhimento de AFRMM, ou pedido de suspensão.
- Acompanhamento da parametrização:
  - Canal verde.
  - Canal amarelo.
  - Canal vermelho.
  - Canal cinza.
- Emissão da nota fiscal de entrada.
- Aguardo de procedimentos de desembaraço aduaneiro, conforme o canal de parametrização.
- Emissão do comprovante de importação – CI.
- Coleta da mercadoria após os procedimentos de desembaraço.
- Entrega do produto.
- Recebimento do fechamento de todas as despesas do processo.
- Contabilização.

Resumo

Neste capítulo, observamos as diferenças entre o processo de exportação, descrito no capítulo "Exportação", e o de importação, descrito neste capítulo. A decisão pela importação recomenda cuidado especial em razão das diversas variáveis importantes nesse processo, como impostos, classificação fiscal e suas implicações, tratamento administrativo e multas aplicadas aos processos de importação. Avaliar a opção da zona secundária, porto seco, pode ser um diferencial estratégico. Por tudo isso, fica claro que a integração entre fornecedor estrangeiro e importador brasileiro é parte do sucesso da importação. Os erros na origem vão ser percebidos, muitas vezes, quando o produto já estiver no território aduaneiro brasileiro, o que recomenda que o importador tenha enorme habilidade para tomar decisões sobre situações fora de sua zona de conforto.

Já que a carga tributária pode representar aproximadamente 50% do valor do produto importado, é importante observar todas as possibilidades de utilização de benefícios fiscais existentes na importação e ainda atender a todas as questões legais do Regulamento Aduaneiro e de outras legislações que orientam a importação no Brasil.

Administrar a cadeia de suprimentos internacional, controlando os produtos da origem ao consumidor final, colabora para que esse consumidor perceba o comprometimento e valorize o importador.

Por fim, o comércio exterior não é uma atividade que deva ser desenvolvida isoladamente, mas sim em conjunto com diversos parceiros, estrategicamente selecionados. Saiba, portanto, escolher seus parceiros para frete internacional, desembaraço aduaneiro, armazenamento e movimentação de cargas, distribuição de produtos e, principalmente, seus fornecedores.

Por fim, como valor agregado há muitas outras informações e detalhes sobre importação que não foram tratados neste livro, e fica aqui o convite para que você, leitor, se interesse pelo assunto e busque mais conhecimentos.

Questões para reflexão

1. Pense sobre o que aprendeu a respeito da licença de importação e diga qual o prazo de validade da LI para embarque e que pontos são importantes nesse procedimento.

O prazo de validade para embarque é de noventa dias, e os pontos importantes a observar estão relacionados ao atendimento das normas de cada órgão anuente. É importante considerar se a LI é ou não automática e se o deferimento é pré ou pós-embarque. Não autorizar o embarque de produto controlado sem a LI deferida, ou embarque autorizado, evita a penalidade de multa.

2. Qual é a associação possível entre *HS Code* e NCM?

A Nomenclatura Comum do Mercosul (NCM) tem como base o Sistema Harmonizado (HS Code) e foi criada em razão dos entendimentos no Mercosul, enquanto o HS Code representa uma linguagem-padrão de classificação adotada pelos países no comércio internacional, o que facilita os procedimentos no momento de uma negociação.

Bibliografia

ASHIKAGA, C. E. G. *Análise da tributação na importação e na exportação.* 6ª ed. São Paulo: Aduaneiras, 2011.

CAVUSGIL, S. T.; KNIGHT, G. & RIESENBERGER, J. R. *Negócios internacionais: estratégia, gestão e novas realidades.* São Paulo: Pearson Prentice-Hall, 2010.

FERREIRA, G. T. C. & MENDES, Z. *Negócios internacionais e suas aplicações no Brasil.* São Paulo: Almedina, 2011.

Sites

www.aprendendoaexportar.gov.br

www.bcb.gov.br

www.portalsiscomex.gov.br

www.mdic.gov.br

www.receita.fazenda.gov.br

Legislação

BRASIL. *Regulamento Aduaneiro – Decreto nº 6.759/2009.* Disponível em: http://www.jusbrasil.com.br/legislacao/anotada/2341353/decreto-6759-09. Acesso em: 22-5-2013.

BRASIL. *Portaria Secex nº 23/2011.* Disponível em: http://www.mdic.gov.br/arquivos/dwnl_1311100642.pdf. Acesso em: 22-5-2013.

Marco Antonio da Silva - CEO do Grupo Comex Online Assessoria em Comércio Exterior, administrador e pós-graduado em gestão de negócios internacionais com mais de 30 anos de carreira em operações de exportação e importação. É professor universitário com 28 anos de experiência, autor de diversos artigos e palestrante em eventos de comércio exterior. De 2010 a 2018, desenvolveu mais de quarenta cursos de comércio exterior e logística para diversas instituições de ensino em São Paulo.

E-mail: marco.silva@comexonline.com.br
Site: www.comexonline.com.br

www.ingramcontent.com/pod-product-compliance
Ingram Content Group UK Ltd.
Pitfield, Milton Keynes, MK11 3LW, UK
UKHW040325300826
14791UKWH00003B/1118

9 786555 363173